たっぷり聞いてしっかり話せる
自然なフランス語の上達法教えます

Les Aventures de Fuki

久田原泰子　セシル・モレル
Yasuko Kudawara　Cécile Morel

駿河台出版社

はじめに

　この参考書は，フランス語を少し学んだ事がある方々のコミュニケーション能力を高めることを目的として作られました．

　パリに語学留学をしにきた日本人の女の子フキちゃんの物語を軸に，日常生活で使われる自然なフランス語の表現を，楽しみながら身につけていただけるように，バリエーションに富んだ内容になっています．

　全6章の構成はそれぞれ3課ずつに分かれており，第1課と第3課は会話体の，第2課は書き言葉のフランス語のテクストがあり，それぞれの課には状況に応じた **目標** が掲げられています．

　本文中から取り出した「**大切な表現**」には，その表現を実際に使うために必要な文法説明が添えられており，それに従って知識を確認する **Exercices**，それを応用して会話表現に導く **Activités** があります．**Exercices** や **Activités** をこなすために必要な語彙や表現は **BOITE A OUTILS** にまとめてあります．

　各章の第3課には発音問題があり，音と表記の関連性を確認しながら聞き取り練習ができるようになっています．3章と6章には全体の復習を兼ねた総合的な実践会話練習問題があります．各課の最後には，フランス語をうまく使いこなすための言葉の使い方のコツやポイントを「**言葉のツボ**」の中に，フランス人の生活やメンタリティなどに関する社会的，文化的な情報を「**情報コラム**」の中に収めてあります．

　また，フランス語検定合格を目指す方々のためには，準2級，及び2級の聞き取り，面接に対応した模擬問題を付録としてつけていますので是非ご活用ください．

　本文だけでなく，本文中で使われている，短い言葉でそのまま会話に利用できる「**使える一言**」や **BOITE A OUTILS** の中の語彙，**Activités** の解答はすべてCDに録音されています．Activités, 実践会話練習, 面接模擬問題はCDに合わせて実際の会話のスピードで口頭練習ができるしくみになっています．

　CDの録音は本文と少し異なっている部分がありますが，それはできるだけ自然な会話の流れを再現しようとしたためです．

また，本文の日本語訳とすべての **Exercices** や **Activités** の解答例は別冊になっており，注意が必要なポイントの解説もありますので，随時確認しながらお役立てください．

　学習者の方々が，この参考書で楽しく学びながら，自分の言いたいこと，聞きたいこと，話し合いたいことを，自然なフランス語で表現できるようになっていただけることを願っています．

＊＊＊＊＊

　Ce livre de référence est conçu pour permettre aux apprenants de se familiariser avec la langue française, d'étendre leurs connaissances et leurs compétences.

　Nous avons essayé de suivre une progression grammaticale adaptée aux situations communicatives de la vie quotidienne, de réunir une variété importante d'exercices et d'activités afin de soutenir les apprenants dans leur apprentissage.

　Nous espérons que les apprenants trouveront autant de plaisir à étudier avec ce livre que nous avons eu de plaisir à le concevoir.

　Nous vous invitons à suivre pas à pas Fuki dans ses aventures à Paris.

著　者

はじめに

第1章　Rencontre ● 出会い

1-1 Au glacier Berthillon　アイスクリーム屋さんの「ベルティヨン」で　2
目標：注文をする．自己紹介をする．
言葉のツボ1 ●　それは難しい？彼は難しい？
情報コラム1 ●　Berthillon

1-2 Le lendemain — Le journal de Fuki　翌日，蕗の日記　14
目標：名詞と名詞のつながり方を学ぶ．過去の話をする．
言葉のツボ2 ●　parfum 香水？
情報コラム2 ●　カフェのカフェ

1-3 Julien rencontre un ami　ジュリアンは友人に会う　24
目標：形容詞を使いこなす．目的語を正しく使う．
聞き取り問題1 ●　[p] [b] / [v] [b]
言葉のツボ3 ●　いろいろな色の形容詞
情報コラム3 ●　映画

第2章　Attente ● 期待

2-1 À la sortie du cinéma　映画館の出口で　34
目標：近い未来と近い過去の話をする．代名動詞を使う．
言葉のツボ4 ●　aimer, préférer...
情報コラム4 ●　カフェのビール

2-2 Le journal de Julien　ジュリアンの日記　44
目標：人や物についてコメントする．
言葉のツボ5 ●　思う，考える
情報コラム5 ●　お店でのマナー

2-3 Sophie téléphone à Fuki　ソフィはフキちゃんに電話をする　50
目標：代名動詞を活用して日常生活を語る．
聞き取り問題2 ●　[r] [l]
言葉のツボ6 ●　フランス人の鼻は長い？
情報コラム6 ●　パリのメトロ

iii

第3章　Malentendu ●誤解

3-1 Fuki rencontre Michel　フキちゃんはミシェルに出会う　58
目標：比較をする．未来の話をする．
言葉のツボ 7 ●　　最上級
情報コラム 7 ●　　まんが

3-2 Le journal de Fuki　蕗の日記　67
目標：quand と comme を色々な場面で使う．
言葉のツボ 8 ●　　話す
情報コラム 8 ●　　Fnac

3-3 Michel téléphone à Julien　ミシェルはジュリアンに電話をする　74
目標：自然な会話のやりとりを学ぶ
言葉のツボ 9 ●　　フランス語になった日本語
情報コラム 9 ●　　教育制度
実践会話練習 1 ●　　パーティで

第4章　Dispute ●諍い

4-1 Julien et Fuki se disputent　ジュリアンとフキちゃんはけんかをする　84
目標：必要性を述べる．自分の意志や考えを伝える．
言葉のツボ 10 ●　　おいとまの表現
情報コラム 10 ●　　口論？討論？

4-2 Le journal de Julien　ジュリアンの日記　92
目標：接続詞を使って論理性や感情を表現する．
言葉のツボ 11 ●　　autre: les uns et les autres
情報コラム 11 ●　　食事の作法

4-3 Fuki demande conseil à Sophie　フキちゃんはソフィに相談する　100
目標：アドバイスをする．意見や印象を述べる．
聞き取り問題 3 ●　　[ʒ] / [ʃ]
言葉のツボ 12 ●　　penser のさまざまな使い方
情報コラム 12 ●　　手みやげ

第 5 章　Réconciliation ●和解

5-1 Fuki se réconcilie avec Julien　フキちゃんとジュリアンが仲直りをする　108
目標：丁寧に話す．現在分詞を使う．

言葉のツボ 13 ● 　お礼の表現

情報コラム 13 ● 　週末の過ごし方

5-2 Fuki écrit à son professeur de français
　　　　 フキちゃんはフランス語の先生におたよりをする　116
目標：過去の過去を語る．関係詞 que, dont を使う．

言葉のツボ 14 ● 　序数

情報コラム 14 ● 　手紙

5-3 La réconciliation de Michel et Julien ミシェルとジュリアンが仲直りする　124
目標：過去のことを後悔する．関係詞 où, qui を使う．

聞き取り問題 4 ● 　[s] / [ʃ]　[ʒ] / [z]

言葉のツボ 15 ● 　パソコン用語

情報コラム 15 ● 　フランス人の趣味

第 6 章　Le départ ●出発

6-1 Fuki et Julien passent un week-end en Normandie
フキちゃんとジュリアンは週末をノルマンディで過ごす　132
目標：関係詞を極める．何かをしてもらう時の表現を学ぶ．

言葉のツボ 16 ● 　否定の表現

情報コラム 16 ● 　恋愛について

6-2 Julien envoie un e-mail à sa sœur ジュリアンはお姉さんにメールを送る　141
目標：強調して話す．人の話を伝える．

言葉のツボ 17 ● 　Coups

情報コラム 17 ● 　結婚について

6-3 Départ de Fuki フキちゃんの帰国　150
目標：上手な受け答えをして正確なフランス語をめざす．

言葉のツボ 18 ● 　単位について

情報コラム 18 ● 　休暇

実践会話練習 2 ● 　ヴァカンスのあとで

v

Appendice: 発音のコツ　160

付録：実用フランス語技能検定試験，聞き取り問題，面接試験への対策　162
　　準2級聞き取り模擬問題
　　2級聞き取り模擬問題
　　準2級面接対応問題
　　2級面接対応問題

あとがき

別冊：練習問題解答例
　　日本語訳

登場人物紹介

フキちゃん *Fuki*

日本人
パリに語学留学している

ジュリアン *Julien*

フランス人
パリのアイスクリーム屋さんでアルバイトをしている

ソフィ *Sophie*

フランス人
フキの友人

ミシェル *Michel*

フランス人
美大の学生
ジュリアンの友人

第一章  Rencontre ●出会い

1-1　Au glacier Berthillon
アイスクリーム屋さんの「ベルティヨン」で

目標　注文をする．自己紹介をする．

🅐 A-2

Fuki　：Bonjour.

Julien：Bonjour Mademoiselle, qu'est-ce que vous désirez ?

Fuki　：**Une glace à la vanille, s'il vous plaît.** 1

Julien：À emporter ? Sur place ?①

Fuki　：À emporter.

Julien：Vous voulez une boule ou deux boules ?

Fuki　：**J'en voudrais deux.** 2

Julien：Voilà.

Fuki　：Merci beaucoup. Au revoir.

Julien：Au revoir.

(Fuki s'en va puis elle revient sur ses pas.)

Fuki : **Excusez-moi, je peux vous demander quelque chose ?** [3]

Julien : Bien sûr.

Fuki : Quel est votre nom ?

Julien : Je m'appelle Julien.

Fuki : Moi, je m'appelle Fuki, je suis à Paris pour six mois. Et vous travaillez ici tous les jours ?

Julien : Euh, oui, enfin presque.[②] Au revoir. Faites un bon séjour.

Fuki : Au revoir, Julien!

使える一言　A-3

① À emporter ? お持ち帰りですか？
　Sur place ? ここで召し上がりますか？
　ファーストフード店では必ず聞かれますね．
② enfin presque → Je travaille presque tous les jours ici.
　ここでほとんど毎日働いています．

大切な表現 1

Une glace à la vanille, s'il vous plaît.

　買い物や注文をする時には欲しいものをきちんと伝えなければなりませんが，そのために必要な名詞と連動して使われる冠詞の使い方を学びましょう．

1 冠詞

　冠詞はその名前の通り，名詞がかぶる帽子（冠）のように名詞の前におかれるもので，その名詞をどういう角度でとらえているかを表します．同じ名詞でも，ついている冠詞が違うと，意味合いも変わってきます．フランス語の名詞には男性名詞と女性名詞という2つのカテゴリーがあるので，冠詞もその名詞が，男性名詞か女性名詞か，また単数形であるか複数形であるかで使い分けます．

　さて，フランス語には定冠詞，不定冠詞，部分冠詞という3種類の冠詞があります．まずここではこれらの冠詞の基本的な用法をおさらいしましょう．

(a) 不定冠詞，部分冠詞の形

	男性単数	女性単数	男・女性複数	否定
不定冠詞	un	une	des (de)*	de
部分冠詞	du (de l')	de la (de l')		

* 複数の名詞の前に形容詞がつく場合には不定冠詞の des が de になります．詳しくは 1-3 を参照してください．

　不定冠詞の単数形の un と une はそれぞれ数字の 1 を表すもので，2 から無限大までが des になります．部分冠詞はある一定の分量を示していますが，それぞれが具体的に存在する事を前提としています．それらが存在していない時，すなわちその名詞の数量がゼロである場合にはいずれも de という形で表されます．

　　un arbre (1本の木)　　une fleur (1本の花)　　des enfants (何人かの子供達)
　　du café (いくらかのコーヒー)　　de la bière (いくらかのビール)
　　des tomates (いくつかのトマト)

(b) 冠詞の使い分け：不定冠詞か部分冠詞か？

　どの名詞を数えられるか，数えられないかという判断も少し注意が必要です．というのは同じ名詞でも，場合によって，不定冠詞で表す場合も部分冠詞もありえるからです．例えばコーヒーは液体ですから，数えられない，だから du café とせっかく覚えても，un café と表現されるケースに出会う事もあります．その場合の un café が指し示すものは，例えば，喫茶店で注文する「一人前のコーヒー」，つ

まり「カップ1杯のコーヒー」を指していたり，またはフランス語ではコーヒーを飲ませてくれる場所，すなわちカフェや喫茶店という場所も café という単語の意味に含まれるので，un café は「1軒のコーヒーショップ」という意味かもしれないのです．そうするともちろん des cafés という形もありえるわけで，café を数えられない名詞と覚え込んでしまってはいけないという事がわかりますね．

BOITE A OUTILS　CDを聞いて発音してみましょう．　A-4

un café　コーヒー1杯　　un thé　紅茶1杯　　un chocolat　ココア1杯
une infusion　ハーブティー1杯　　un coca　コカコーラ1杯　　une bière　ビール1杯
un sandwich (au jambon, au fromage, aux crudités)　サンドウィッチ1つ（ハム，チーズ，生野菜）
un croque-monsieur　クロックムッシュー1つ（ハムとチーズのオープンホットサンド）
un croissant　クロワッサン1つ　　une brioche　ブリオッシュ1つ
une glace　アイスクリーム1つ

Activités 1　A-5

次のカフェでのやりとりを参考にして，指示に従って下線の部分を置き換えて注文してみましょう．

例
Le serveur : Qu'est-ce que je vous sers ?
Le client : Je voudrais un café et un sandwich au jambon, s'il vous plaît.
Le serveur : Très bien, je vous apporte cela tout de suite.

ウエイター　「何になさいますか？」
お客　　　　「コーヒーを1つとハムサンドを1つお願いします．」
ウエイター　「承知いたしました．すぐにお持ちいたします．」

A) 注文したい物の後ろに s'il vous plaît をつけて．　A-6

　1)「ココアとブリオッシュをお願いします．」
　2)「アイスクリーム1つ，お願いします．」
　3)「クロワッサン2つとコカコーラを1つお願いします．」

B) Je voudrais.... の後に注文したい物を入れて. A-7

1) ビール1杯と野菜サンド1つ
2) ハーブティーとクロックムッシュー2人分
3) ミルクティー1杯とチーズサンド1つ

(c) 定冠詞の形

男性単数	女性単数	男・女性複数
le (l')	la (l')	les

　フランス語の定冠詞は上の表のように，意味の上では3種類に分けられます．複数形ならば男性，女性名詞を問わず les を，単数形ならば男性名詞には le を，女性名詞なら la をつけます．

　　例　le soleil (男・単)　　la mer (女・単)　　les nuages (男・複)
　　　　太陽　　　　　　　　海　　　　　　　　　雲

　また，形の上では男女それぞれの単数形に l' という形のものが加わって4種類になるのは，音声上のつながりのためです．名詞が母音で始まる場合，または無音のアッシュと言われる h で始まる単語の場合，定冠詞の単数の le と la は l' という形になって，その名詞とともに発音される事になるためです．[☞ Appendice 1 無音の h と有音の h]

　たとえば，amie という名詞は女性名詞ですから本来ならば定冠詞をつけるとすれば la をつける事になるのですが，a という母音で始まっているので，la の中の母音が次の母音に吸収合併されたような l'amie という形で表記され，発音される事になります．このシステムをエリジオンといいます．[☞ Appendice 2 発音のシステム]

　　例　l'hôtel (男・単)　　l'amie (女・単)　　les heures (女・複)
　　　　ホテル　　　　　　　女友達　　　　　　時間

こうした音韻上の調整のために付け加わる変化は，他の文法用語にもしばしばみられます．文法用語の表の中に（　）で示されている形はみな次の語が母音で始まる場合，または無音のアッシュと言われる h で始まる単語の場合であると覚えておいてください．

(d) 冠詞の意味

フランス語の名詞には，通常原則的になんらかの冠詞がつく事がほとんどです．冠詞がつかない場合は指示形容詞や所有形容詞，また数詞や数量副詞などの冠詞の代わりをする語がつけられます．いつ，どういう時にどの冠詞をつければいいのか，という判断は冠詞という品詞をもたない日本語を母語とするわれわれには多少難しく思われますが，基本的な使い方を押さえておきましょう．

フランス語の定冠詞は英語の the のように，あらかじめわかっている「例の」，という意味や，世の中にたった1つしかない固有のものという使い方以外に，その名詞全体を概念としてとらえる時にも使います．それに対して不定冠詞，部分冠詞は，具体的な数量を表現したい時に使われます．個体が数えられるものであれば不定冠詞を，液体や粒子，抽象的な言葉など数えられないものであれば部分冠詞を使います．

(e) 冠詞の使い分け：不定冠詞か定冠詞か？

（a）不定冠詞，部分冠詞の形の例にあるように une fleur, un arbre というように不定冠詞がついている場合はそれぞれの名詞の数が1であるという事がまず示されます．そして不定という言葉が示しているように，それは任意の不特定の1であるという意味になります．たとえば，「ここに1本の花がある」「あそこに木が1本立っている」ということを伝えたければ，Voici une fleur. Il y a un arbre là-bas. のように言えばいいのです．

でも，「これは君が買ってきた花なの？」とか「あれは父が植えた木です．」ということを伝えたい場合，それぞれの花や木は固有の限定されたものを示すことになるので，C'est la fleur que tu as achetée ? C'est l'arbre que mon père a planté. というように定冠詞が使われることになります．

Exercices 1

次の文に適切な冠詞を入れてみましょう．1つの枠に1語とは限りません．

1) Tu aimes .... vin ? — Moi, je préfère .... bière.
2) Est-ce qu'il y a encore .... vin dans la bouteille ?
   — Non, elle est vide, mais il y a encore .... bière dans le frigo.
3) Bonjour. Je voudrais .... pommes, s'il vous plaît.
   — Désolé, nous n'avons plus .... pommes.
4) Voilà .... Tour Eiffel et .... avenue des Champs-Élysées.
5) Tu connais .... hôtel Georges V ? J'ai .... ami qui travaille là-bas.
6) Tous .... dimanches matins, mon père va à .... église et puis il prend .... café dans .... café du quartier.

大切な表現 2

J'en voudrais deux.

2 中性代名詞 en

よくみかける en という語は，前置詞として使われていることが多いのですが，ここでは中性代名詞としての en をみてみましょう．

前置詞なのか中性代名詞なのかの見分け方は比較的簡単です．原則として後ろの語が名詞ならば前置詞，動詞ならば代名詞です．中性という名前がついているのは，受ける語の性，数を問わずに使えるからです．J'en voudrais deux. の en は，その前の名詞 boule を受けています．意味としては，Je voudrais deux boules. なのですが，フランス語では，会話の流れから，もう言わなくてもわかっている名詞は代名詞で置き換えて省略していきます．ここでは deux（ダブル）ということが新しい情報で重要度が高いので，これだけを最後において強調する形になります．

日本語ならばもうわかっている語は省略してもいいのですが，フランス語の場合はこれを完全に消してしまうことはできないので，短い音の代名詞で置き換えるシステムになっています．en で置き換えることができる名詞は，この場合のように，不定冠詞や数詞がついている名詞，もしくは部分冠詞や beaucoup de などの数量副詞がついている名詞です．なお，中性代名詞の詳しい説明は第6章の3課にあります．

Exercices 2

　下の文中の en が何を指しているか考えながら a)〜h) の中から適切なものを（　）に入れてください．

1) J'en voudrais un. (　　)
2) J'en voudrais une. (　　)
3) J'en voudrais deux. (　　)
4) J'en prends un au chocolat et un au café. (　　)
5) J'en prends une à la fraise et une à la vanille. (　　)
6) J'en mange deux tous les matins. (　　)
7) J'en bois un tous les jours. (　　)
8) J'en achète un une fois par semaine. (　　)

a) Un éclair au chocolat et un éclair au café.
b) Une boule à la fraise et une boule à la vanille.
c) Deux boules à la pomme.
d) Un sandwich au jambon.
e) Une brioche.
f) Un café.
g) Un magazine.
h) Des tartines de pain.

Activités 2 A-8

CD を聞きながら en を使って指示に従って答えてみましょう．

1) Vous voulez combien de boules ? (Trois)
2) Vous prenez du café tous les jours ? (Oui)
3) Vous mangez des tartines tous les matins ? (Non, cinq fois par semaine)
4) Tu prends une bande dessinée aujourd'hui ? (Oui, deux)
5) Elles prennent des paquets de cigarettes aussi ? (Non)

大切な表現 3

Je peux vous demander quelque chose ?

3 疑問文

フランス語の疑問文の形は3通りあります．疑問詞の使い方とともに再確認して，疑問文の作り方と答え方を学びましょう．

会話の中で最もよく使われる形が，この Je peux vous demander quelque chose ? や Et vous travaillez ici tous les jours ? のように通常の語順で語尾を上げるイントネーションを使うものです．また，意味は同じですが，Est-ce que je peux vous demander quelque chose ? と文頭に Est-ce que をつけたり，Comment est-ce qu'elle est ? のように，疑問詞を文頭においてから est-ce que をつける形もあります．これらの場合はあえて語尾を上げる必要がありません．また疑問詞を文頭に置く場合は，基本的には主語と動詞を倒置しなければなりませんが，会話では倒置しないで Comment tu l'as reconnue ? [☞ 3-3] のように普通の語順で使われることがよくあります．

10

Exercices 3

次の文を読んでから枠内の疑問詞を点線部分に入れ，以下の質問に答えてください．

Bonjour. Je suis Julien. Je suis serveur. Je travaille au glacier Berthillon. J'aime lire des romans et aussi faire du sport. J'habite à Clamart, 20 rue de l'Église. Je vais à Paris en train. Le week-end, je rencontre des amis.

> comment, où est-ce qu(e), qu'est-ce qu(e), quelle

1) .... s'appelle ce jeune homme ? →
2) .... est sa profession ? →
3) .... il travaille ? →
4) .... il aime faire ? →
5) .... il habite ? →
6) .... est son adresse ? →
7) .... il fait le week-end ? →

BOITE A OUTILS　CD を聞いて発音してみましょう．　A-9

regarder la télé　テレビを見る

écouter de la musique　音楽を聴く

aller au cinéma / au musée / à la Fnac　映画 / 美術館 / フナックに行く

sortir / rester à la maison　外出する，家に居る

parler avec des amis　友達としゃべる

lire des mangas　マンガを読む

étudier le français　フランス語を勉強する

lire dans les rayons (lire sur place)　立読みをする

Activités 3

前の Boîte à outils の語彙を参考にして次の人になったつもりで自己紹介をしてみましょう．答えは CD (A-10-11) にあります．

1) はじめまして．フキです．日本人です．学生です．フランス語を2年前から勉強しています．難しいです．(difficile) 今パリに住んでいます．映画を見に行くのと音楽を聞くのが好きです．週末には美術館に行っています．

　..
　..
　..
　..

2) こんにちは．ミシェルです．フランス人です．ジュリアンの友達です．僕はマンガが大好きです．特に (surtout) 日本のマンガが気に入っています．週末にはフナックに行って，マンガを立ち読みしています．

　..
　..
　..
　..

3) あなた自身の自己紹介をしてみましょう．

　..
　..
　..
　..

言葉のツボ 1　それは難しい？彼は難しい？● Il est difficile / c'est difficile

この2つの使い分けは少し難しいですね．前の activités にあるように「フランス語の勉強は難しいです」と言いたい時，どちらを使えばいいのでしょう？

まず，フキちゃんの使った《c'est difficile》は，前に言った事全体を ce という主語が受けています．ce は性，数にとらわれずに使える主語なので，C'est ～ と何かの感想を一言で述べる時にとても便利な表現です．一方，Il est difficile の Il は基本的には三人称単数の男性形なので，Il est difficile と言えば，相手は「えっ，誰が気難しいの？」と思うかもしれません．でも，Il は英語の it のように，仮主語として使えるので，何が難しいのか説明する文章にしてしまえばこの形も可能です．つまり《Il est difficile d'apprendre le français.》だと全く問題はなくなります．

情報コラム 1　　Berthillon

ベルティヨンはパリの中心のサンルイ島にあるアイスクリーム屋さんです．フレッシュなフルーツや天然素材のみを使ったアイスクリームやシャーベットがたくさんあり，どれを選ぶか迷っているお客さんたちがいつも列を作っています．近くにティールームもあるので，そこでゆっくり味わう事も出来ます．

Glacier Berthillon
29-31 rue Saint Louis en l'île
75004 Paris
Tél : 01 43 54 31 61

www.berthillon.fr

Horaire d'ouverture :
Du mercredi au dimanche
de 10h00 à 20h00

1-2　Le lendemain — Le journal de Fuki
翌日，蕗の日記

目標
● 名詞と名詞のつながり方を学ぶ．過去の話をする．

🔊 A-12

Hier, je suis allée au glacier Berthillon mais Julien n'était pas là.

J'étais un peu triste, alors je me suis assise et j'ai mangé une glace. Ce glacier est merveilleux. Il y a beaucoup de parfums de glaces.

Des glaces au chocolat, au café, au cassis, à la framboise, à la pistache, à l'orange, à l'ananas, à l'abricot. C'est incroyable,① tous ces parfums de glaces !

Mais, Julien, lui, n'était pas là. C'est vraiment dommage !②

> 使える一言　A-13
> ① C'est incroyable ! 信じられない！
> ② C'est dommage ! 残念だ！ C'est ～ という表現がとても便利であることは1-1の言葉のツボ1でも取り上げましたが，ここでのように感情を表す形容詞を C'est の後に置くと，自分の気持ちや感想を簡潔に表現する事ができます．例えば，C'est passionnant（非常に面白い），C'est émouvant（感動的な），C'est formidable（すばらしい），C'est marrant（おかしい）などいろいろ使えるようになりましょう．

大切な表現 1

Des glaces au chocolat, au café, au cassis, à la framboise, à la pistache.

いろいろなフレーバーを言う場合に必要な縮約の形を確認しましょう．

1 前置詞の縮約

前置詞の à や de は名詞と名詞をつなぐ時によく使われます．あるものに別のものを足して1つになる場合は，足していくものを à でつなぎます．例えば un chou à la crème（シュークリーム）はシュー生地にクリームを足しているのでこの形になっています．また所有関係を表す時には la voiture de ma mère（お母さんの車）のように2つの名詞を de でつないでいくのですが，この前置詞の à, de はその後ろに定冠詞の le もしくは les のつく名詞が続く時にはこの2つが合体して，それぞれ au, aux, du, des と変化します．この作用を前置詞の縮約と言います．

> à + le → au　　à + les → aux
> de + le → du　　de + les → des

Exercices 1

まちがっている部分があれば正しましょう．

1) un café à le lait
2) un pain à le chocolat
3) une tarte à les pommes

4) une mousse à l'orange
5) le manuel de le professeur
6) l'entrée de l'hôtel
7) la lumière de la lune
8) le président de les États-Unis

BOITE A OUTILS CDを聞いて発音してみましょう． A-14

le melon メロン　　le pamplemousse グレープフルーツ　　la pomme りんご
la pêche 桃　　la cerise さくらんぼ　　l'abricot アプリコット

Activités 1 A-15

　フキはバニラアイスのダブルを頼みました．いろんなフレーバーのシングル，ダブル，トリプルなどを注文してみましょう．答えはCD（ A-16）にあります．

> 例1 「チョコレートとストロベリーのダブルを1つお願いします．」
> Une boule au chocolat et une (boule) à la fraise, s'il vous plaît.
>
> 例2 「ピスタチオとキャラメルとオレンジのトリプルを1つお願いします．」
> Une boule à la pistache, une au caramel et une à l'orange, s'il vous plaît.

1)「アップルのシングルを1つお願いします．」
2)「メロンとピーチのダブルを1つお願いします．」
3)「アプリコットとチェリーとグレープフルーツのトリプルを1つお願いします．」

大切な表現 2

Hier, je suis allée au glacier Bertillon mais Julien n'était pas là.

2 過去時制

　フランス語には英語とは異なり，単なる「過去」という時制はありません．今回は日常会話でもっともよく使われる複合過去と半過去の形と使い方を学びましょう．

① 複合過去 Passé composé の形

　複合過去はその名前のとおり，助動詞と過去分詞という 2 つのパーツの組み合わせでできています．助動詞は avoir か être の現在形を使います．

```
 助動詞              過去分詞
 avoir / être  ───  participe passé
```

1) avoir をとる動詞は，全ての他動詞とほとんどの自動詞で，être をとる動詞は移動，状態の変化を表す一部の自動詞で，例えば **venir, aller, entrer, sortir, arriver, rester, partir, monter, descendre, naître, mourir, tomber, passer, retourner** などです．

> 注意：être をとる動詞の場合，過去分詞を主語の性・数に一致させます．ただし，代名動詞の場合は必ずしも一致させるとは限りません．
> [☞ 2-3 大切な表現 1]
> 否定：主語 + ne + 助動詞 + pas + 過去分詞

2) 全ての代名動詞は助動詞に être を使います．

3) 過去分詞はそれぞれの動詞が固有にもっているものですが，パターンがあります．すべての -er 動詞の過去分詞は，原形の最後の r をとって，その前の e にアクサンテギュをつけます．manger → mangé

-ir で終わるほとんどの動詞は原形の最後の r をとったものが過去分詞です．

finir → fini, sortir → sorti

その他のものはそれぞれの動詞を調べる必要がありますが，u で終わるもの，現在形の三人称単数の形と同じ形をもつものなどがあります．

voir → vu, attendre → attendu, faire → fait, dire → dit

j'	ai	
tu	as	
il	a	
elle	a	
on	a	mangé
nous	avons	
vous	avez	
ils	ont	
elles	ont	

je	suis	allé(e)
tu	es	allé(e)
il	est	allé
elle	est	allée
on est	est	allé(e)(s)
nous	sommes	allé(e)s
vous	êtes	allé(e)(s)
ils	sont	allés
elles	sont	allées

不定法		過去分詞	例外
-er	-é	manger → **mangé** aller → **allé**	なし
-ir	-i	choisir → **choisi** sortir → **sorti** partir → **parti**	venir → **venu** ouvrir → **ouvert** mourir → **mort**
-re (-dre) -oir	-u	boire → **bu** voir → **vu** perdre → **perdu** savoir → **su** pouvoir → **pu** devoir → **dû** connaître → **connu** descendre → **descendu**	avoir → **eu** être → **été** faire → **fait** dire → **dit** écrire → **écrit** mettre → **mis** naître → **né** prendre → **pris**

Exercices 2

次の動詞を複合過去にしましょう．

1) Elle (aller) au cinéma hier au soir.
2) Ils (venir) en train.
3) Il (partir) ce matin à 8 heures.
4) Je (manger) un sandwich au jambon et je (boire) une bière à midi.
5) Nous (mettre) un disque et nous (danser).
6) Tu (prendre) ton petit-déjeuner ?

② 半過去 Imparfait の形

語尾変化は全ての動詞に共通で，現在形の一人称複数の活用から作ることができます．つまり，nous の活用から語尾の ons をとったものを語幹とし，以下の語尾をつけます．

je **-ais**, tu **-ais**, il/elle **-ait**, nous **-ions**, vous **-iez,** ils/elles **-aient**

第一群規則動詞の現在形の活用の場合と同様に，表記は異なりますが，nous と vous 以外の主語の場合の語尾の音はすべて 同じで，[e] という音です．nous と vous は現在形の -ons, -ez の前に [i] の音が加わり，半母音の [jɔ̃][je] という音になります．また être だけは 語尾に ons がつかない nous sommes という形なので語幹は ét としますが，語尾の活用は他の動詞と同じです．下の表で確認してください．

						être	
nous **av**-ons	→	j'	**av**-ais		j'	**ét**-ais
nous **fais**-ons	→	tu	**fais**-ais		tu	**ét**-ais
nous **all**-ons	→	il	**all**-ait		il	**ét**-ait
nous **pren**-ons	→	nous	**pren**-ions		nous	**ét**-ions
nous **pouv**-ons	→	vous	**pouv**-iez		vous	**ét**-iez
nous **voul**-ons	→	ils	**voul**-aient		ils	**ét**-aient

Exercices 3

かっこの中の動詞を半過去にしてみましょう．

1) Il (avoir) un chien dans son enfance.
2) Elle (aimer) danser dans sa jeunesse.
3) Vous (être) professeur autrefois ?
4) Nous (habiter) une grande maison.
5) Elles (aller) souvent au marché le dimanche.
6) Tu (jouer) du piano au collège ?

③ 複合過去と半過去の使い方

大まかに言うと複合過去は点を，半過去は線を表すと考えてください．つまり，複合過去は過去の一過性のアクションを，半過去は過去の描写を表します．演劇の舞台の書き割りは半過去で，役者の演技は複合過去で表されると思ってください．また，複合過去が完了した出来事を示すのに対し，半過去は過去において継続していた状態を示しています．その行為は非完了のまま提示されていると考えられ，そこから imparfait（不完全）という命名のニュアンスが感じられるでしょう．また，複合過去は英語の現在完了形のように過去の経験を表すこともあります．さらに半過去は英語では used to, would で表される過去における反復された行為を示す事ができます．Exercices 2 と 3 の文章を日本語に置き換えるとどうなるか考えてみましょう．

BOITE A OUTILS CD を聞いて発音してみましょう． A-17

voir 見る	formidable すばらしい
manger 食べる	émouvant 感動的だ
aller au cinéma 映画に行く	reposant リラックスする
avoir beau temps いい天気である	agréable 気持ちがいい
pleuvoir 雨が降る	sympathique 感じがいい
partir au bord de la mer 海に出かける	délicieux おいしい

Activités 2 A-18

次の会話の複合過去と半過去の使い方に注意して，以下の問題をしてみましょう．

例

Julien: Qu'est-ce que vous avez fait hier ?
Fuki : Je suis allée au cinéma.
Julien: Qu'est-ce que vous avez vu ?
Fuki : J'ai vu le film *Kirikou et la sorcière*.
Julien: Est-ce que c'était bien ?
Fuki : C'était formidable et très émouvant.
Julien: Et les acteurs étaient comment ?
Fuki : Il n'y avait pas d'acteurs, c'est un dessin animée.

1) 次の表現を使って会話を完成させてください．答えはCD (A-19) にあります．

   A: Qu'est-ce que vous avez fait ce week-end ?
   B: (partir au bord de la mer)
   A: Est-ce que vous avez eu beau temps ?
   B: (pleuvoir)
   A: Est-ce que c'était reposant ?
   B: (agréable et très reposant)
   A: Comment était la mer ?
   B: (assez froide)

2) 主語を tu にして次の表現を使って会話を完成させてください．答えはCD (A-20) にあります．

   A: (faire hier ?)
   B: Je suis allé au glacier Berthillon.
   A: (manger)
   B: J'ai mangé une glace au cassis.
   A: (bon ?)
   B: C'était délicieux !
   A: (le glacier Berthillon ?)
   B: C'était agréable et sympathique.

3) 次のヒントを使って下の会話をフランス語にしましょう．答えは CD (A-21) にあります．

  ヒント：ルーヴル美術館：Le musée du Louvre
     混んでいる：être bondé
     モナリザ：la Joconde

A: 日曜日は何をしたの？
B: ルーヴル美術館に行ったの．
A: どうだった？
B: 面白くなかったわ．
A: あ，そうなの．どうして？
B: 混んでいたのでモナリザを見られなかったの．
A: 残念だね！
B: そうね，少し…

言葉のツボ 2　　parfum ● 香水？

 ここで出てくるアイスクリームの〈フレーバー〉という言葉はフランス語では parfum と言いますが，私たちは parfum と聞くとまず思い出すのは香水ではないでしょうか．日本語は名詞を細かく分類して付加価値をつけながら言い換えて行くという特徴をもっているのに対し，フランス語は一つの語彙の中に多くの意味が含まれている事がよくあります．parfum は良い香りのするものが原則なので，場合によっては香水を指している事もありますが，アイスクリームの風味やフレーバー，香料という意味も含まれます．味そのものをさす言葉としては goût という名詞があります．これは goût salé（塩辛い）とか goût acide（酸っぱい）という味覚の種類や，goût de fraise（イチゴの味）という場合に使われますが，アイスクリームは味よりも添加された風味で識別されているというのが面白いですね．また parfum は香りから発展して雰囲気や印象という抽象的な意味合いで使われる事もあります．ちなみに匂い全般に対しては odeur を使い，こちらはいい匂いも悪い匂いも両方含まれます．

 また，日本でもすっかりおなじみになったアロマテラピー aromathérapie の元である arôme という言葉も香りをさす言葉で，ワインの香りなどを表現する時にも使われますが，parfum とほぼ近い意味で用いられています．

情報コラム2　　カフェのカフェ

　フランス語では，お茶を飲む場所も飲むコーヒーも豆や粉もみな **café** と言いますが，日本語になっている「カフェ」は，フランス風のしゃれた喫茶店をさしますね．フランスのカフェは日本の平均的な喫茶店とは少し違っています．殆どのカフェは朝早くから夜遅くまで一日中開いていて，そこではアルコール飲料も含めてさまざまな飲み物や軽食をとる事ができます．カフェの定番と言えば，その名の通りカフェ，つまりコーヒーなのですが，フランスのカフェで出てくるコーヒーは，日本で言うエスプレッソという濃い凝縮された少し泡立ったタイプのコーヒーで，デミタスカップに入れられています．ミルクはついていないのが普通ですが，ときどきチョコレートがついているお店もあります．ミルク入りのコーヒーが飲みたい場合は **un café crème** と注文すると，こちらはかなり大きめのカップに泡立ったミルクを入れたコーヒーが運ばれてきます．日本で定着している **café au lait** という言い方は，ホテルの朝食などの時には使いますが，一般のカフェではあまり使いません．また，エスプレッソに少しだけミルクを入れたものは **noisette** と言います．もともとハシバミの実という意味の単語です．本来の意味で使う時は女性名詞ですが，コーヒーとして使う時は **un café noisette**（ハシバミ色のコーヒー）という意味でコーヒーが男性名詞なのでこちらも男性形で使われますので注意しましょう．

1-3　Julien rencontre un ami

ジュリアンは友人に会う

目標  形容詞を使いこなす．目的語を正しく使う．

A-22

Michel : Salut Julien, ça va ?

Julien : Salut Michel, ça va ?

Michel : Alors, quoi de neuf ?①

Julien : Hier, j'ai eu une cliente un peu étrange.

Michel : Comment cela étrange ?

Julien : Elle m'a demandé mon prénom.

Michel : Ah bon, tu es chanceux. Elle est comment ?

Julien : **Elle est petite, elle a les cheveux longs et les yeux noirs.** 1 Elle est asiatique, je crois.

Michel : Elle est japonaise, chinoise ?
Julien : Je ne sais pas, japonaise peut-être ?②
Michel : Tu connais son nom ?
Julien : Oui, elle s'appelle Fuki.
Michel : Alors, elle est japonaise. C'est le prénom d'une héroïne de manga. **Tu veux le lire** ②, c'est génial.

使える一言　A-23

① Quoi de + 形容詞（neuf, beau どちらも同じ使い方ができます）
Quoi de neuf ?「何か新しい事は？」→「何か最近変わったことがありますか．」と近況を尋ねる表現です．

② Peut-être…「かもしれない．」あまり確実性は高くないけれど，可能性がある時に使います．
Je vais peut-être déménager le mois prochain.「私は来月引っ越しするかもしれません．」

大切な表現 1

Elle est petite, elle a les cheveux longs et les yeux noirs.

1 形容詞

形容詞は基本的に修飾する名詞の性と数に応じて，形が変わります．
辞書には男性単数形が出ています．

petit を例にとってみましょう．

男性単数	女性単数	男性複数	女性複数
petit	petite	petits	petites

25

un petit garçon　　　une petite fille
des petits garçons　　des petites filles

女性形には通常男性形の語尾にeがつけられますが，元々男性形でeで終わっている形容詞は男女同形です．

例　rouge/rouge　jeune/jeune

形容詞の位置は基本的には名詞の後ろです．

例　les cheveux longs, une voiture rouge

ただし，日常よく使われる，比較的短い音節の主観的な価値観を表す形容詞，例えば **bon, mauvais, jeune, vieux, petit, grand, joli, beau, nouveau** などは名詞の前に置きます．

例　une petite voiture

故に場合によっては形容詞が名詞を取り囲むことがあります．

例　une petite voiture rouge

また，名詞の前に置く形容詞で，vieux, beau, nouveau は女性形が vieille, belle, nouvelle のように男性形とかなり異なるだけでなく，男性名詞単数形で，母音で始まるものや無音のhで始まる名詞の場合には女性形と同じ発音の vieil, bel, nouvel という第二形という形になります．

例　un vieil hôtel

また 1-1 で出てきたように，不定冠詞の複数形の des は名詞の前に形容詞がつく場合には s が落ちて de になるので，より注意が必要ですね．

例　une belle fille → de belles filles

ただし上の例にあげた des petits garçons, des petites filles などの場合は少年，少女という意味合いの形容詞と名詞が合体した1つの単語のように扱われるので，de にはなりません．des jeunes gens などの場合も同様です．

Exercices 1

形容詞を正しい形にして書き直しましょう.

1) Cette femme est (beau) et (grand).
2) Ces enfants sont (petit) et (mignon).
3) C'est une (vieux) bicyclette (noir).
4) C'est un (beau) hôtel.
5) Ce sont de (gros) boules (blanc).

BOITE A OUTILS　CDを聞いて発音してみましょう.　A-24

Les adjectifs

grand(e) ⇔ petit(e)　大きい⇔小さい
gros(se) ⇔ mince　ぽっちゃり⇔スレンダー
rond(e) ⇔ maigre　ふっくら⇔がりがり
court(e) ⇔ long(ue)　短い⇔長い
jeune ⇔ vieux (vieille)　若い⇔年配の
beau (belle) ⇔ laid(e)　美しい⇔みにくい
mignon(ne)　愛らしい
joli(e)　可愛い

Les couleurs

blanc, noir　白い　黒い
rouge, rose　赤い　ピンクの
orange, jaune　オレンジ色の　黄色の
bleu, vert, violet　青い　緑の　紫の
gris, marron, beige　グレーの　栗色の　ベージュの

Le corps

les cheveux　髪の毛
les yeux　目
la bouche　口
le nez　鼻

Les verbes

porter des lunettes　眼鏡をかける
porter des lentilles de contact　コンタクトレンズをする
porter une montre　時計をする
porter un chapeau　帽子をかぶる

Activités 1　Qui suis-je ?

A) 次の文章を CD (A-25) を聞いて空いているところに適切な語を補い，この人がだれか考えてみましょう．1つの枠に1語とは限りません．

Bonjour, je suis français, je suis acteur. Je suis .... et je ne suis pas ....
J'ai .... courts, ... un peu long, une petite .... et de .... marron. Je porte des lunettes. Je ne suis plus très .... mais je suis encore très actif. Je suis dans certaines publicités japonaises. Qui suis-je ?
J .... R ....

B) 外国人のメール友達に自己紹介をしてみましょう．答えは CD (A-26-27) にあります．

1) こんにちは．僕は日本人です．大学生です．僕の名前はツバサです．背がちょっと低いです．髪の毛は長くて茶色 (châtain) です．鼻はあまり高く大きくないけど，目は大きくて，黒いです．コンタクトレンズをしています．僕はいつも赤い時計をしています．赤い色がとても好きなんです．

2) こんにちは．私は日本人です．私の名前はナオコです．大学生です．わりあいと背が高いです．髪の毛は黒くて長いです．だいたいはコンタクトレンズをしていますが時々，眼鏡をかけています．よくオレンジ色の帽子をかぶっています．

C) 次の文章をフランス語に直してみましょう．答えは CD (A-28) にあります．

僕のおばあちゃんの髪の毛は白くて短かったです．小さな黒い目をしていました．眼鏡をかけていました．若々しい顔をしていました．とても可愛いかったです．

大切な表現 2

Tu veux le lire.

2　目的語の位置

　フランス語の目的語は，それが代名詞の場合，その目的語をもつ動詞の直前に置かれます．普通名詞の場合と位置が異なるので注意しましょう．

　Elle a demandé à Julien son nom. という文の demander という動詞には 2 つの目的語があります．à Julien という形の à + 人という目的語は間接目的語，son nom の方が直接目的語になります．フランス語の他動詞にはこの demander のように，直接，間接の 2 つの目的語をもつもの，またそのいずれかをもつものという様々な種類があり，それぞれの目的語を代名詞で置き換える場合は，動詞の前に出します．

　à Julien は三人称の単数の間接目的語なので lui で置き換える事になるので，Elle lui a demandé son nom. となります．また son nom は三人称単数，男性名詞の直接目的語なので，原則としては le で置き換えるのですが，この文の場合複合過去の助動詞の avoir とエリジオンするため，Elle l'a demandé à Julien. となります．次の文も同じ構造であることを確認しましょう．

　Je peux vous demander quelque chose ?

　ここでは vous という語は demander という動詞の目的語なので pouvoir という助動詞よりも後ろに，demander の直前に置かれています．Tu veux le lire. もこれと同様ですね．

主語	je	tu	il	elle	nous	vous	ils	elles
直接目的語	me (m')	te (t')	le (l')	la (l')	nous	vous	les	les
間接目的語	me (m')	te (t')	lui	lui	nous	vous	leur	leur

目的語の語順

目的語が 2 つ同時に使われる場合の語順は次のようになります．

| 主語 ne | me
te
nous
vous | le
la
les | lui
leur | y | en | 動詞 | pas |

つまり，直接としてであれ，間接としてであれ，一人称，二人称をまず最初に置いて，そのあとに三人称が続きます．三人称同士では，直接が先，間接が後になります．これらに中性代名詞 y や en が加わる場合はその後になります．

ただし，中性代名詞の le は直接目的語の le と同じ位置に置かれます．

Exercices 2

目的語にあたるものを線で結んでみましょう．

1) Je peux <u>la</u> regarder.　　　　　・　　　　　・ aux enfants
2) Tu veux <u>le</u> faire ?　　　　　　・　　　　　・ la télévision
3) Vous <u>les</u> aimez.　　　　　　　・　　　　　・ à Marie
4) Elle <u>lui</u> a parlé au téléphone.　・　　　　　・ ces fleurs
5) Nous <u>leur</u> avons donné un ballon. ・　　　　　・ ce gâteau

Activités 2

日本語に合わせて適切な目的語を入れて文を完成させてみましょう．答えは CD (A-29) にあります．

1)「このお花，くれるの？」「うん，あげる．」
   Tu (　　) donnes ces fleurs ?
   　— Oui, je (　　) les donne.

2)「このお花，いただけるんですか？」「ええ，さしあげます．」
   Vous (　　) donnez ces fleurs ?
   　— Oui, je (　　) les donne.

3)「ちょっと聞いてもいい？」「うん，いいよ．」
   Je peux (　　　) poser une question ?
   — Oui, bien sûr.

4)「ちょっとお伺いしてもよろしいですか？」「ええ，どうぞ．」
   Je peux (　　　) poser une question ?
   — Oui, bien sûr.

5)「私にこの薔薇を？」「そう，あなたにこれを．」
   Vous (　　　) donnez cette rose ?
   — Oui, je vous (　　　) offre.

6)「彼女にこの薔薇あげたいんだ．」「それって彼女にそうしてあげたいから？」
   Je voudrais (　　　) offrir cette rose.
   — C'est parce que tu (　　　) aimes que tu veux (　　　) lui offrir ?

Exercices 3

必要な語を 2 つ入れて文を作り直してみましょう．

1) Je vais offrir cette bague à ma mère pour son anniversaire.
   Je vais (　　　) (　　　) offrir.

2) Il va envoyer ce paquet en France par bateau.
   Il va (　　　) (　　　) envoyer par bateau.

3) Nous allons emmener les enfants au cirque.
   Nous allons (　　　) (　　　) emmener.

4) Elle va acheter des chaussures à ses enfants.
   Elle va (　　　) (　　　) acheter.

5) Vous donnez ces disques à vos amis.
   Vous (　　　) (　　　) donnez.

Exercices d'écoute 1

A-30

1. [p] と [b] の音に注意して、聞こえてくる語彙を入れましょう。

proche/broche   plan/blanc   plomb/blond
papa/baba   les bonbons/les pompoms

1) Mon (　　) aime beaucoup les (　　) au rhum.
2) Il fait un soleil de (　　).
3) C'est un ami (　　).
4) J'ai acheté un chapeau (　　).
5) Les (　　) que j'ai achetés hier sont en forme de (　　).

A-31

2. [v] と [b] の音に注意して、聞こえてくる語彙を入れましょう。

vin/bain   vent/bancs   vol/bol   verve/verbe   vallons/ballons

1) Le lâcher de (　　) a eu lieu près des (　　) de la Champagne.
2) Le roman de St Exupéry « (　　) *de nuit* » a été traduit en plusieurs langues.
3) Cet orateur est plein de (　　).
4) Lors de la réception, le (　　) coulait à flots.
5) Dans ce jardin, il y a beaucoup de (　　).

言葉のツボ 3　　いろいろな色の形容詞

　色の形容詞は普通の形容詞と同様，名詞の後ろに置きますが，具体的なものから作られた形容詞や，合成された形容詞は e で終わるものでなくても男女不変の場合があります．例えば，緑，グレー，茶色，白，青，黒などは通常通りの変化をしますね．

　　vert/verte　　gris/grise　　brun/brune　　blanc/blanche
　　bleu/bleue　　noir/noire

赤，ピンク，ベージュ，黄色は男女同形ですが複数の場合 s がつきます．
　　rouge/rouge　　rose/rose　　beige/beige　　jaune/jaune

しかし，オレンジ，栗色，アイヴォリーなどはどんな場合も不変です．
　　orange/orange　　marron/marron　　ivoire/ivoire

　茶色は色合いによって brun, marron と使い分けますが，髪の毛の色を表す時には marron（食べられる栗の実）ではなく，châtaigne（栗の実）からできた châtain という形容詞を使います．

　またマリンブルー，ダークブルー，ライトブルーなど合成された形容詞は元々の bleu の部分は名詞の性数に応じて変化しますが，付加された部分は不変です．
　　bleu marine, bleu foncé, bleu clair

情報コラム 3　　映画 ● *Cinéma*

　フランスでは映画は単なる娯楽というよりはむしろひとつの芸術ととらえられています．映像や音楽，カメラワーク，脚本，俳優の演技など，さまざまな要素があいまってひとつの世界を作り上げている総合芸術として幅広い層が関心をもっています．毎年 5 月に行われるカンヌ国際映画祭 Festival de Cannes は日本でも有名ですが，フランスでは日本映画のファンも多く，古くは黒澤明，溝口健二，小津安二郎から，今村昌平，北野武，さらにはアニメ映画の松本零士，宮崎駿などの日本人監督の名前もよく知られています．

　Princes et Princesses は ミシェル・オスロ Michel Ocelot 監督のアニメ映画で，1999 年にフランスで劇場公開されました．ファンタジックな影絵で織りなされる 6 つの物語は，さまざまな場所，時代を舞台に美しいフランス語で語られています．この作品の中にも日本を舞台にした『泥棒と老婆』*Le manteau de la vieille dame* という話が出てきます．

第二章　　　　　　　　　　　Attente ●期待

2-1　　À la sortie du cinéma
映画館の出口で

目標　近い未来と近い過去の話をする．代名動詞を使う．

A-32

Fuki vient de sortir du cinéma. Elle va prendre le métro.

Julien : Bonjour Fuki.
Fuki　 : Ah tiens Julien, bonjour.
Julien : Qu'est-ce que tu fais là ?
Fuki　 : **Je viens de voir le film *Princes et Princesses*.** [1]
Julien : C'était comment ?
Fuki　 : C'était merveilleux. Je voudrais le voir encore une fois.
Julien : Ah, bon !
Fuki　 : **On va le revoir ensemble ?** [1]

34

Julien : Quoi !? Euh, tu sais, je n'aime pas beaucoup① les dessins animés. **En général, je m'endors…** ②
Dis donc,② si tu as le temps, on peut aller boire quelque chose ?

Fuki : Oui, avec plaisir !

使える一言　A-33

① beaucoup：数量の表現でも使う un peu, beaucoup などは程度の副詞として使われます．

un peu, assez, beaucoup, très, vraiment をつけると程度が上がって行くのですが，否定の場合は pas の後に du tout をつけると否定を強めることになります．

たとえば，フランス語では次のように花占いをします．

Il m'aime un peu, il m'aime beaucoup, il m'aime passionnément, il m'aime à la folie, il ne m'aime pas du tout.

② Dis donc… :「ねえ，ところで.」話題を変えたい時によく使われます．Dis-moi でも同じように使えます．

大切な表現 1

Je viens de voir le film *Princes et Princesses*. On va le revoir ensemble ?

1 近接未来と近接過去

venir de + 動詞の原形は「〜したばかり」という近い過去を，**aller** + 動詞の原形は「近々こうする予定である」という近い未来を表します．

例　Fuki est sortie du cinéma ? — Oui, elle <u>vient de sortir</u> du cinéma.
「フキちゃんは映画館から出てきましたか？」「はい，彼女は映画館から出てきたところです．」

Elle a vu quel film ?　— Elle <u>vient de voir</u> le film *Princes et Princesses*.
「彼女はどんな映画を見たのですか？」「彼女は『プリンスとプリンセス』を見てきたところです．」

Demain, je <u>vais téléphoner</u> à mon amie.
「明日は私は友達に電話するつもりです。」

L'année prochaine, je <u>vais aller</u> en Afrique.
「来年はアフリカに行くことにしています。」

BOITE A OUTILS CDを聞いて発音してみましょう。 A-34

faire la visite de ~　~を見物する
prendre le métro　地下鉄に乗る
prendre le bateau-mouche　バトームーシュ（セーヌ川の遊覧船）に乗る
se promener　散歩する
se reposer　休む
visiter un musée　美術館を訪れる
voir un ballet　バレエを見る
rentrer à la maison, à l'hôtel　家に，ホテルに帰る

Exercices 1

例文を参考に火曜日のことを書いてみましょう．

Deux amies Yuki et Maki sont à Paris pour quelques jours. Voici leur emploi du temps.

例　Lundi, elles vont faire la visite du musée du Louvre à 10 heures.
À midi, elles vont déjeuner près du musée. De 13 heures à 15 heures, elles vont se promener dans le Jardin des Tuileries. Ensuite, elles vont rentrer à l'hôtel. Elles vont se reposer.

Mardi (11 heures à midi) prendre le bateau-mouche. Déjeuner au pied de la Tour Eiffel.
(14 heures à 16 heures) visiter le musée Rodin. Le soir, voir un

ballet à l'Opéra Bastille.

Ensuite, (rentrer en taxi à l'hôtel) et (se coucher tout de suite).

Activités 1

（　　）の中にある表現を使って会話を完成させてください．答えは CD (A-35) にあります．

Une conversation entre Yuki et son amie française.

Marie : Allo Yuki, c'est Marie. Tu vas bien ?
Yuki : Ça va, merci. (venir juste d'arriver à l'hôtel).
Marie : Qu'est-ce que vous allez faire demain ?
Yuki : Nous (aller faire) la visite du Louvre.
Marie : Et ensuite, où est-ce que vous allez aller ?
Yuki : Je ne sais pas encore. Nous (aller peut-être se promener) dans le Jardin des Tuileries et puis (se reposer).
Marie : Et la Tour Eiffel ?
Yuki : C'est une bonne idée. J'ai très envie de la voir.
Marie : Bon séjour. Au revoir.
Yuki : Merci. Au revoir.

Activités 2

ヒントを使って下の会話をフランス語にしましょう．答えは CD (A-36) にあります．

Marie: もしもし，ユキ，マリだけど．元気？
Yuki: 元気よ，ありがとう．今電話を切ったところよ (raccrocher le téléphone).
Marie: 明日は何をする予定なの？
Yuki: 私たちバトームーシュに乗るつもりなの．
Marie: その後，どこに行くの？
Yuki: まだわからない．多分ロダン美術館に行くと思う，でその後バスチーユのオペラ座でバレエを見に行く予定．
Marie: エッフェル塔は？
Yuki: エッフェル塔の下で (au pied de) お昼を食べる予定なの．
Marie: 良い滞在を楽しんでね．さよなら．
Yuki: ありがとう．さよなら．

大切な表現 2

En général, je m'endors...

2 代名動詞

　フランス語には主語と目的語が同一人称の形で使われる代名動詞があります．
　これは他動詞から派生した動詞で，主語と同じ目的語をもつことで主に自動詞的な意味合いをもつ動詞として使われます．
　例えば，promener は散歩をさせるという動詞で，Je promène mon chien と他動詞として使いますが，自分が散歩をする時には，自分で自分自身を散歩させるという発想から Je me promène という形が発生したものととらえられます．
　また主語が三人称の場合は，主語と同一の目的語であることを示す se が目的格に使われます．代名動詞は必ず主語と同一の目的語を伴って使われるので，原形は se + 動詞の原形 (se verbe infinitif) と考えます．辞書は元の他動詞でひくと，そのあとに代名動詞がみつかります．

（活用）

se promener		
je	me	promène
tu	te	promènes
il/elle	se	promène
nous	nous	promenons
vous	vous	promenez
ils/elles	se	promènent

（用法）

代名動詞には自分に対して自分が何かを行うという意味合いの再帰的な用法以外にいくつかの用法があります．

1　再帰的　Je me lève à 7 heures.　「私は 7 時に起きます．」
2　相互的　Les enfants se lancent un ballon rouge.
　　　　　　「子供たちは赤いボールを投げ合っています．」
3　受動的　Ce plat se prépare en dix minutes.
　　　　　　「この料理は 10 分でできます．」
4　その他　On s'en va ?　「行こうか？」

また代名動詞の中には，元の動詞のもつ意味と違う意味で使われるものがあります．

passer/se passer
　Je passerai l'examen la semaine prochaine.
　　「私は来週試験を受けます．」
　Cette histoire se passait en Normandie.
　　「それはノルマンディーでの出来事でした．」

trouver/se trouver
　On a trouvé un portefeuille dans la salle de travail.
　　「研究室でお財布が見つかりました．」
　Notre villa se trouve près de Nice.
　　「私達の別荘はニースの近くにあります．」

rendre / se rendre

Je te rends ton livre. Merci !　「君の本返すね．ありがとう！」

Il se rend à Paris en train tous les week-ends.　「彼は毎週末電車でパリに行きます．」

このほかにもよく使われる動詞として apercevoir/s'apercevoir, douter/se douter, mettre/se mettre à, servir/se servir de などがあります．

BOITE A OUTILS　CD を聞いて発音してみましょう．　A-37

se réveiller　目が覚める
se lever　起きる
se laver　体を洗う
se coucher　寝る，横になる
se brosser les dents　歯をみがく
se brosser les cheveux　髪の毛にブラシをかける
s'habiller　服を着る

se déshabiller　服を脱ぐ
se raser　ひげなどを剃る
se maquiller　化粧をする
prendre son petit-déjeuner　朝食をとる
lire le journal　新聞を読む
se promener　散歩をする

Exercices 2

次の質問に答えてみましょう．

1) Est-ce que vous vous réveillez tôt ou tard dans la semaine ? (en général tôt mais le dimanche tard)
2) Est-ce que vous vous levez lentement ou rapidement ? (d'habitude rapidement mais préférer lentement)
3) Est-ce que vous prenez le petit-déjeuner le matin ? (toujours)
4) Est-ce que vous aimez lire le journal avant de vous laver et de vous habiller ? (aimer beaucoup)
5) Est-ce que vous vous couchez avant ou après minuit ? (avant)

前の質問の主語を tu に置き換えてみましょう．

1) Est-ce que (se réveiller) tôt ou tard dans la semaine ?
2) Est-ce que (se lever) lentement ou rapidement ?
3) Est-ce que (prendre) le petit-déjeuner le matin ?
4) Est-ce que (aimer lire le journal) avant de (se laver) et de (s'habiller) ?
5) Est-ce que (se coucher) avant ou après minuit ?

Activités 3

Boite à outils の表現を参考にして CD (A-38-39) を聞いて動詞を適切な形に活用して点線部分に入れてください．ただし，1つの枠に1語とは限りません．

1) Le matin, j'aime .... tôt et avoir le temps de .... lentement.
   J'aime .... mon petit-déjeuner et .... le journal avant de .... et de ....
   Elle, c'est le contraire. Elle n'aime pas .... tôt.
   Elle doit .... rapidement.
   Elle n'a pas le temps de .... son petit-déjeuner et de .... le journal avant de .... et de ....

2) Nous, nous .... toujours très tôt et nous .... pendant une heure tous les matins. Nous .... notre petit-déjeuner en regardant les informations à la télé. Après nous .... Pendant que je ...., ma femme .... les cheveux et enfin nous ....

言葉のツボ 4　aimer, préférer / détester + 定冠詞つきの名詞 または動詞の原形

　何かが好きとか嫌いというのは頭の中で考えていることで，それを表現する時に，その対象になるもの自体が目の前に存在しなければならないわけではありません．ですからこういう抽象的な表現をする場合は，その名詞に，そのものの全体を示す意味で定冠詞をつけて言い表されます．

　例）J'aime le chocolat.　「私はチョコレートが好きです.」
　　　Je déteste les souris. 「私はネズミが大嫌いです.」

　また，これらの動詞はその後に動詞の原形を直接置いて，〜することが好きだとか嫌いだというふうに使う事ができます．

　例）J'aime chanter mais je déteste chanter au Karaoké. Je préfère chanter tout seul en travaillant.
　　　「私は歌うのは好きですが，カラオケで歌うのは大嫌いです．仕事をしながらひとりで歌う方が好きです.」

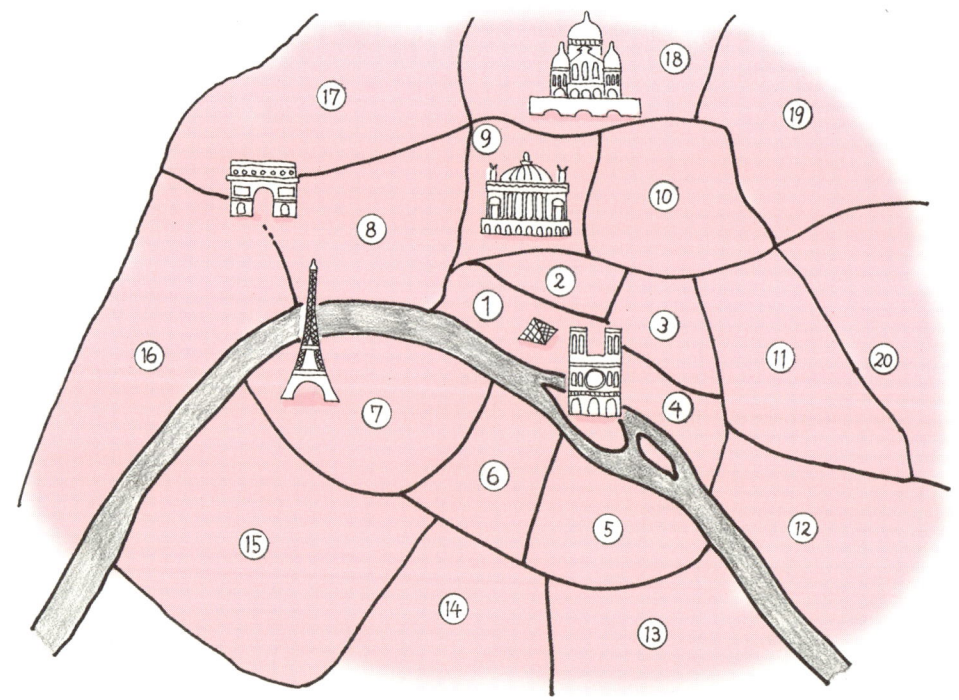

Plan de Paris

情報コラム4　　カフェのビール　**La bière au café**

　日本ではお食事と一緒にビールを飲む場合が多いですが，フランスではあまり見かけません．ビールはむしろ，食前や食間にカフェなどで飲むものとして定着しています．カフェでビールを注文する時に一番よく耳にするのが《Un demi, s'il vous plaît.》という表現です．これは生ビールを指しているのですが，フランスでは一般的に生ビールはジョッキではなく，グラスでサーブされるので，そのグラスの大きさからきた表現です．もともとは，un demi litre de bière を指していたのですが，500ミリリットル入る大きなグラスが出てくる事はまれで，普通は約 250ミリリットルくらいの上品なグラスが出てくるので，がっかりしないでくださいね．ちなみにフランスのビールは日本よりもずっと高い温度でサーブされるので，きりっと冷えたのどごしの良さは望めないかもしれません．

　カフェでビールを飲みたい時，《Une bière, s'il vous plaît.》というと，多くのお店では生ビールを置いているので，《Bouteille ou pression ?》と聞かれます．瓶を選ぶと，フランスはビールの銘柄がとてもたくさんあるので，次に銘柄指定をしなければなりません．生ビールだけでも2, 3種類置いている店もあるので，よく耳を澄ませてお店の人の言葉を聞き取ってください．

2-2 Le journal de Julien
ジュリアンの日記

目標 人や物についてコメントする．

A-40

J'ai rencontré Fuki pour la deuxième fois à l'entrée du métro.

Elle sortait du cinéma. On est allés au café et on a parlé de la France, du Japon et des voyages.

C'était une conversation intéressante et enrichissante. J'ai passé un moment agréable avec elle. Fuki est sympa,① **je la trouve mignonne et gaie.** 1

Elle me plaît assez.②

Je vais peut-être la revoir.

Michel est parti pour le week-end mais **il va me téléphoner à son retour.** 2

> 使える一言　A-41

① Fuki est sympa.「フキは感じのいい人だ.」
sympa（sympathique の略）は，場所，物などに対して使うこともあります．
例：Elle est sympa, ta voiture.「いいね，君の車！」

② Elle me plaît assez.「僕は彼女のことをけっこう気に入っている.」
Plaire は物や人を主語にして，それを気に入っている主体である人を目的語におく形です．
例：Cette jupe me plaît assez.「私，このスカートわりと気に入ってるの.」

大切な表現 1

Je la trouve mignonne et gaie.

① Trouver の使い方

英語の find と同じく，フランス語の trouver は本来は見つけるという意味ですが，そこから派生して，目的語についてこう思う，という表現に使われます．構文は主語，動詞，目的語，補語という形を取ります．この場合，補語には目的語を修飾する形容詞が使われるので，その形容詞は目的語の性と数に合わせて変化します．また，目的語が人称代名詞の場合，動詞よりも前に置かれるため補語と位置が離れるので注意が必要です．

例　Je trouve mon mari beau. Je le trouve beau.
「私は夫をすてきだと思う．私は彼をすてきだと思う．」
Je trouve ma femme belle. Je la trouve belle.
「僕は妻を美しいと思う．僕は彼女を美しいと思う．」

BOITE A OUTILS　CD を聞いて発音してみましょう．　A-42

話し言葉（比喩）：

être sérieux comme un pape　とても真面目な人
se prendre pour le pape　自分を偉いと思っている
être ennuyeux comme la pluie　とても退屈な

ne pas être tombé de la dernière pluie　経験の豊かな人
être bête comme ses pieds　大ばかだ
avoir les pieds sur terre　しっかりしている
être bavard comme une pie　お喋り
être voleur comme une pie　盗癖がある
dormir comme un ange　ぐっすり寝る

Exercices 1

意味の違う文を探してみましょう.

1) Je le trouve sérieux comme un pape. Je ne le trouve pas sérieux du tout. Je le trouve très sérieux.

2) Je la trouve ennuyeuse comme la pluie. Elle n'est pas ennuyeuse du tout. Elle est vraiment ennuyeuse.

3) Je le trouve bête comme ses pieds. Je le trouve très intelligent. Je le trouve vraiment bête.

4) Je la trouve bavarde comme une pie. Je ne la trouve pas bavarde du tout. Je la trouve très bavarde.

5) Il se prend pour le pape. Je le trouve prétentieux. Je ne le trouve pas prétentieux.

Exercices 2

本文中の〈Je la trouve mignonne et gaie〉また〈Je vais peut-être la revoir〉という文の中の la はフキちゃんを示しています. では次の各文の下線部はどの語を示しているか右の語彙から選びましょう.

さらに選んだその語を使って文を書き直しましょう.

1) Ma mère les aime.　　　　　　　Fuki et Julien
2) Mon père le lit tous les jours.　　les fleurs
3) Michel les invite au restaurant.　Sophie
4) Je la connais depuis 15 ans.　　 le journal
5) Je le trouve mignon.　　　　　　Michel

大切な表現 2

Il va me téléphoner à son retour.

2 人称代名詞の目的格補語の位置と時制

目的語が人称代名詞で示される場合は一章で見たように，関連する動詞の直前に置く事になりますが，近接未来の場合はどうなるでしょうか．il va me téléphoner à son retour. の部分で分かるように téléphoner の目的語である me はその直前に置き，va の前に出る事はありません．近接過去の場合も同様で il vient de me téléphoner という語順になり，関連する動詞から目的語が離れる事はないのです．

Activités 1

次の日本語を近接未来を使ってフランス語にしましょう．さらに各文を否定にしてください．答えは CD (A-43) にあります．

1) フキちゃんは彼に電話をするだろう．(téléphoner)
2) 私は彼女と話をするだろう．(parler)
3) フキちゃんは私達とまた会うだろう．(revoir)
4) ジュリアンは君に御馳走するだろう．(inviter)
5) 君は地下鉄に乗るの？(prendre)

1) 2) の文の彼，彼女をジュリアン，フキちゃんに変えてもう一度文を作り替えてみましょう．

Activités 2

下の語彙を参考にこの会話を完成させてみましょう．答えは CD (A-44) にあります．

un pantalon ズボン	un t-shirt Tシャツ
un pull セーター	une chemise Yシャツ
des chaussures 靴	

Marie : Comment tu trouves cette .... ?
Yuki : Je .... trouve très jolie. Elle me plaît beaucoup.
Yuki : Comment tu trouves ce .... ?
Marie : Je ne .... trouve pas assez grand. Il ne me plaît pas beaucoup.
Marie : Comment tu trouves ces .... ?
Yuki : Je .... trouve un peu trop rouges mais elles me plaisent assez.

言葉のツボ 5　　思う，考える

　日本語では頭の中にあることを表現する時，「～と思います．」という言葉をよく使いますが，この言葉の意味はとても広いということがフランス語を使うとよくわかります．フランス語では頭の中にあることを表現する時，penser, croire, trouver, se demander, se douter など思う内容によって動詞を変えなければなりません．penser は主に理性的な判断や見解を述べる時に使い，croire は信じるという時に使い，特に根拠や理由がない時でも使えます．trouver は外見的なもの，目でとらえた印象を述べる場合です．～じゃないかなあと思う時は se demander，また疑う時は douter，予想する時は se douter になります．いくつか例をあげてみます．

「お父さんは正しいと思うな．」
「お母さんは私たちのプレゼントを喜んでくれたと思うわ．」
「妹の婚約者はすてきだと思う．」
「夫はずっと私を愛してくれてるのかしらと思うわ．」
「息子は試験に合格するのかしらと思うわ．」
「私の彼はまた私に会いにきてくれると思ってたわ．」

Je pense que mon père a raison.
Je crois que ma mère est contente de notre cadeau.
Je trouve que le fiancé de ma sœur est beau.
Je me demande si mon mari m'aime toujours.
Je doute que mon fils réussisse à l'examen.
Je me doutais que mon petit ami allait venir me revoir.

情報コラム5　お店でのマナー　Le savoir-vivre dans un magasin

　お店やカフェに入る時，フランスではかならず店員の人との挨拶から始めなければなりません．日本では通常お店の人が「いらっしゃいませ」とお客さんに声をかけても，それに答える言葉が特にないので，たいていの方が無言で応対しますね．フランスでは「いらっしゃいませ」に当る言葉は昼間ならば〈Bonjour〉，夕方以降なら〈Bonsoir〉です．そう声をかけられたら無視せずに，相手の方とアイコンタクトをしながら同じ言葉で返してください．

　また，ブティックなどであまり買う気がないのにちょっと見たいだけで入る場合などはあまり目を合わせたくないという心理からか，店員さんの顔を見ない人が多いようですが，フランスでは怪しい人と思われないためにも始めにきちんと挨拶をしておくことが大切です．買うものを特に決めていない場合は〈Je peux jeter un coup d'œil ?〉などと一言断っておくと構わずにいてくれます．また畳んであるものを広げてみたい場合は，勝手に触らずに〈Je peux voir ça ?〉などと一言声をかけてからにしてください．何も買わずに帰る時でも〈Merci, au revoir.〉を忘れずに．

2-3 Sophie téléphone à Fuki

ソフィはフキちゃんに電話をする

目標 代名動詞を活用して日常生活を語る．

A-45

Sophie : Allo, bonsoir Fuki. C'est Sophie, tu vas bien ?

Fuki : Bonsoir Sophie, je vais bien, merci. Et toi ?

Sophie : Moi aussi, je vais très bien, merci. Alors, tu l'as vu le film ?

Fuki : Oui bien sûr. Justement,① j'ai quelque chose à te raconter.

Sophie : Ah oui, c'est quoi ?②

Fuki : Eh bien, j'ai rencontré Julien et on est allés au café.

Sophie : Et alors ?

Fuki : On a beaucoup bavardé. Il était très gentil. **Je me suis bien amusée.** [1]

Sophie : Quand est-ce que vous allez vous revoir ?

Fuki : Je ne sais pas mais il m'a demandé mon numéro de téléphone.

Sophie : Excuse-moi, on sonne à la porte.

Fuki : Bon, je te rappelle demain. Salut !

Sophie : Salut !

使える一言 🎧 A-46

① Justement：「ちょうど，タイミングよく」．副詞をうまく使う事によって会話がスムーズに運ぶ事がよくあります．
例：Evidemment「確かに」，Effectivement「実のところ」，Naturellement「当然ながら」

② C'est quoi ? 会話でのみ使われるくだけた表現で Qu'est-ce que c'est ? と同じ意味です．

大切な表現 1

Je me suis bien amusée.

1 複合時制の代名動詞

代名動詞の過去分詞の一致

　複合時制で使われる場合，すべての代名動詞は，助動詞に être を用います．その場合，過去分詞の性数一致は，主語との関係ではなく，目的語との関係で行われます．

例　Julien s'est levé à six heures ce matin.
　　　「ジュリアンは今朝6時に起きた．」

　　Fuki s'est levée à six heures ce matin.
　　　「フキは今朝6時に起きた．」

　代名動詞は主語と目的語が同一人称なので，必然的に主語と一致することになるのですが，代名動詞における性数の一致は，avoir を助動詞に使う動詞の直接目的語が動詞よりも前に置かれた時にその目的語と性数一致する時の法則と同様の法則であると考えます．

　つまり，avoir を助動詞に使う動詞でも，間接目的語が動詞よりも前に置かれた場合，その目的語との性数一致が行われないように，代名動詞の場合もその目的語が間接目的語であれば，性数一致はおこらないということになります．

例　Julien a téléphoné à Fuki.　→ Julien lui a téléphoné.
　　　「ジュリアンはフキに電話した.」
　　Julien a vu Fuki.　　　　　→ Julien l'a vue.
　　　「ジュリアンはフキに会った.」
　　Julien et Fuki se sont téléphoné.
　　　「ジュリアンとフキはお互い電話し合った.」
　　Julien et Fuki se sont vus.
　　　「ジュリアンとフキは会った.」

　代名動詞の場合，その目的語が直接目的語か間接目的語かの判別は形の上ではできませんが，この例のように，元になっている他動詞の目的語を基本的に受け継いでいると考えます．téléphoner à qqn から se téléphoner が，voir qqn から se voir が形成されているのでそれぞれの目的語の se は se téléphoner は間接目的語，se voir は直接目的語であると考えるのです．

注意　| se laver / se laver + 定冠詞のついた身体パーツ |

　laver という動詞は元々何かを洗うという直接目的語をとる動詞です．

　　J'ai lavé ma voiture. → Je l'ai lavée.　「私は私の車を洗いました.」

　ですから代名動詞 se laver の目的語 se も基本的には直接目的語なので，目的語に性数一致します．

　　Fuki s'est lavée ce matin.　「フキは今朝入浴しました.」

　しかし，自分の身体を洗うという行為はいつも必ずしも全身を洗うのではなく，手や顔など部分的に洗うことも可能です．その場合，私は私に属している手や顔を洗う，と考え，そのパーツの方が直接目的語と考えられるので，se は必然的に間接目的語ととらえられることになり，過去分詞の se との性数一致は生じなくなります．

　　Fuki s'est lavé les mains.　「フキは手を洗いました.」

BOITE A OUTILS CDを聞いて発音してみましょう. A-47

s'amuser 楽しむ, 遊ぶ
se reposer 休む
s'endormir 眠る, 寝つく
se revoir 再会する
s'embrasser キスし合う
se parler 話し合う
se téléphoner 電話をかけ合う
se laver 体を洗う

se réjouir 喜ぶ, 楽しむ
s'ennuyer 退屈する
se rappeler 思い出す
se connaître 知り合う
se couper 自分の…を切る

Exercices 1

次の動詞の過去分詞から原形を探しましょう. また文章の意味を考えてください.

1) Elles se sont reposées toute la journée dans le parc.

2) Ils se sont connus dans un café.

3) Ils ne se sont pas parlé.

4) Valentine, tu t'es coupée ?

5) Valentine, tu t'es coupé une part de gâteau ?

Exercices 2

次の動詞を複合過去に変えてみましょう．

　Un petit garçon et une petite fille s'amusaient dans un jardin public. La petite fille <u>tombe</u> par terre et <u>se blesse</u>. Elle <u>se blesse</u> au genou. La petite fille <u>se lève</u> et le petit garçon <u>se lève</u> aussi. Ils <u>vont</u> ensemble vers la sortie du jardin public. Ils <u>se regardent</u>, <u>s'embrassent</u> et <u>se quittent</u>. Ils <u>se téléphonent</u> le soir.

＊ところで，un petit garçon, une petite fille とは何才ぐらいなのでしょうか？以下の表を目安にして使い分けて下さい．

対象年齢はあくまで目安で，個人差があります！！！

		年齢	
		男性	女性
un petit garçon　男の子	une petite fille　女の子	2～12	2～12
un garçon　男の子	une fille　女の子	12～15	12～15
un jeune garçon　少年	une jeune fille　少女	15～18	15～18
un jeune homme　青年	une jeune femme　若い女性	18～25	18～35
un homme　男性	une femme　女性	25～50	25～49
un homme mûr　熟年男性	une femme mûre　熟年女性	50～69	50～69
un homme âgé　高齢者男性	une femme âgée　高齢者女性	70～	70～

Activités 1　A-48

次の会話を読んで質問に答えましょう．答えは CD (A-49) にあります．

Sophie : Qu'est-ce que tu as fait dimanche ?
Fuki 　: Dimanche, je me suis levée vers 8 heures.
Sophie : C'est tôt pour un dimanche ! Ensuite ?
Fuki 　: Ensuite je me suis amusée avec mon chat pendant un petit moment. Après je me suis lavée et je me suis brossé les cheveux et puis j'ai pris mon petit-déjeuner. Voilà.
Sophie : Tu n'es pas sortie du tout ?

Fuki : Si, si dans l'après-midi, je suis sortie, je me suis promenée environ une heure et je suis allée voir une exposition de photos et je suis rentrée chez moi. C'est tout ce que j'ai fait.
Et toi, tu as passé un bon dimanche ?
Sophie : Oui, pas mal. Je te laisse. J'ai un appel sur mon portable. Je te raconterai une autre fois. À plus tard.
Fuki : Bon d'accord. À plus tard.

1) フキちゃんは日曜日何時に起きましたか？
2) 次に何をしましたか？（4つあげてください．）
3) フキちゃんは出かけなかったのですか？
4) 午後は何をしましたか？

Activités 2 A-50

今度はCDを聞いてソフィとあなた自身が会話をしてみましょう．ソフィのせりふの後にポーズがありますから，指示に従って，その間に答えてください．模範解答はCD（A-51）にあります．

ソフィ：Qu'est-ce que tu as fait dimanche ?
あなた：「日曜日はね，7時半頃起きたよ．」
ソフィ：C'est tôt pour un dimanche.
あなた：「それからね，シャワーを浴びて，髪の毛を洗って，朝ご飯の支度をしたんだ．」
ソフィ：Tu n'es pas sorti(e) du tout ?
あなた：「午後は出かけたよ．30分くらい犬と散歩したんだ．で，君は何をしたの？」
ソフィ：C'était une très belle journée. Je te laisse. J'ai un appel sur mon portable. Je te raconterai une autre fois. À plus tard.
あなた：「うん，わかった．じゃあまた後でね．」

Exercices d'écoute 2

A-52

1. [r] と [l] の音に注意して r あるいは l を入れて次の文を完成させましょう.

   1) C'est ma seu___e sœu___.
   2) La ca___e de ce bateau est ca___ée.
   3) Il y a plusieurs vi___ages avant l'entrée du vi___age.
   4) C'est quelque chose de ___ong et ___ond.
   5) C'est une ___ampe pour la ___ampe.

A-53

2. [r] と [l] の音に注意して聞こえてくる単語を入れましょう.

   loi/roi   lire/rire   mules/murs   village/virage
   allaiter/arrêter   cloche/croche

   1) Elle a ( ) d'( ) son enfant au bout de 9 mois.
   2) Tous les dimanches on entend les ( ) sonner dans le ( ).
   3) Les ( ) sont des bêtes têtues d'où l'expression: « Il est têtu comme une ( ) ».
   4) Je n'ai plus rien à ( ). Je vais aller à la bibliothèque.
   5) Les ( ) sont souvent au-dessus des ( ).

言葉のツボ 6　　フランス人の鼻は長い？

　日本語では鼻には高い，低い，という形容詞を使いますが，フランス語ではlong（長い），court（短い）という形容詞を使います．日本語でいう，「鼻が高い」，や「鼻にかける」，「鼻の下が長い」，などの比喩表現は être fier de, se vanter, avoir un faible pour les femmes というふうに，フランス語にする場合は残念ながら鼻は関係なくなります．でも，例えば，au nez de qqn（～の鼻先で）avoir le nez fin（鼻が利く→勘が鋭い）など同様の表現もいくつかあります．気をつけたいのは動物の鼻には違う語彙が使われる事が多いという事です．たとえば象の鼻は trompe(f)，馬は naseau(m)，そして 一般的に獣の鼻は museau(m) と言います．

情報コラム 6　　パリのメトロ　Le métro parisien

　パリのメトロは（2013年現在）14の線がありますが，20世紀初頭に作られて以来，パリ市民や観光客の足として親しまれてきています．各駅の間は平均的に2分ずつくらいなので，grève（スト）などがなければパリ市内をスムーズに移動する事ができます．入り口で自動改札に ticket（切符）を通すだけで降りる時には切符を出さなくてもいい仕組みになっています．ただし，contrôle（車内検札）があった時に有効な切符をもっていないと罰金を支払わなければならないので注意して下さい．日本の改札のように定期券でタッチするだけで入ることができる改札もあります．またほとんどの線では乗降する時は自分でドアを開けなければなりませんが，観光客の多い1号線や新しく出来た14号線は扉は自動で開閉します．メトロの切符は RER（高速郊外鉄道）やバスと共通で，パリ市内は何度乗り換えても有効ですが，RERでパリの郊外に行く時は乗り越し料金が適用されないので，あらかじめ行き先まで切符を買っておきましょう．

第三章   Malentendu ●誤解

3-1   Fuki rencontre Michel
フキちゃんはミシェルに出会う

目標   比較をする．未来の話をする．

A-54

Michel est dans le rayon des mangas à la Fnac.
Sophie et Fuki sont dans le même[①] rayon que lui.

Fuki : Sophie, viens voir ! Regarde, **l'héroïne de ce manga a le même prénom que moi.** [1]

Sophie : Ah, oui c'est vrai ! Tu connais l'histoire ?

(Michel les écoute.)

Fuki : Non, je ne l'ai pas lue. *(Michel s'approche d'elles.)*

Michel : Excusez-moi Mesdemoiselles de vous interrompre. Je m'appelle Michel. Je suis étudiant à l'École des Beaux-Arts. **Si vous voulez, je vous raconterai l'histoire devant un café.** [2]

Sophie : Vous êtes gentil mais nous sommes un peu pressées.
Fuki : Mais non, pas du tout. J'ai très soif.
Sophie : Bon d'accord.
Michel : Alors, on y va.

使える一言　A-55

① Le même, la même, les mêmes: 修飾する名詞の性数によって冠詞が変わります.
例：J'ai le même sac que Fuki.「私はフキちゃんと同じかばんを持っています.」
Il aime la même musique que moi.「彼は私と同じ音楽が好きです.」
Nous avons acheté les mêmes livres.「私達は同じ本を買いました.」

大切な表現 1

L'héroïne de ce manga a le même prénom que moi.

1 比較の方法

【使える一言】では何かと同一のものを表す時の même 〜 que という表現を見ましたが，ここではこれとよく似た形で表現できるさまざまな比較の仕方を確認しましょう.

比較の仕方は優等，同等，劣等の3通りあり，それぞれ，比較したい形容詞や副詞の前に，plus, aussi, moins をつけ，比較の対象を que で提示します.

例えば Pierre est beau.「ピエールはかっこいい」だけでは，彼がどれくらいかっこいいのかわからないけれど，具体的に誰かと比較することによって，彼のかっこよさがよりわかりやすくなります. では彼のお兄さんと比較してみましょう.

Pierre est **plus** beau **que** son frère.　「ピエールはお兄さんよりかっこいい.」
Pierre est **aussi** beau **que** son frère.　「ピエールお兄さんと同じくらいかっこいい.」
Pierre est **moins** beau **que** son frère.　「ピエールお兄さんほどかっこよくはない.」

(例外 1)

　ただし bon, bien の優等比較は ×plus bon, ×plus bien とはならず，meilleur, mieux となります．

　例　Ce gâteau au chocolat est bon.　「このチョコレートケーキはおいしいね．」

　Ce gâteau au chocolat est **meilleur** que cette crème brûlée.
　　「このチョコレートケーキはあのクレームブリュレよりおいしいね．」
　Ce gâteau au chocolat est **aussi bon** que cette crème brûlée.
　　「このチョコレートケーキはあのクレームブリュレと同じくらいおいしいね．」
　Ce gâteau au chocolat est **moins bon** que cette crème brûlée.
　　「このチョコレートケーキはあのクレームブリュレほどおいしくないね．」

　bon は形容詞なので，修飾する名詞の性数によって bonne, bons, bonnes と形が変わるように meilleur も meilleure, meilleurs, meilleures と形が変わりますが，副詞 bien が変化しないように mieux は変化しません．

　例　Ma mère cuisine bien.　「私の母は料理が上手です．」

　Ma mère cuisine **mieux que** ma grand-mère.
　　「私の母は祖母よりも料理が上手です．」
　Ma mère cuisine **aussi bien** que ma grand-mère.
　　「私の母は祖母と同じぐらい料理が上手です．」
　Ma mère cuisine **moins bien** que ma grand-mère.
　　「私の母は祖母ほど料理が上手ではありません．」

(例外 2)

　beaucoup という副詞の場合，plus, aussi, moins を beaucoup の前に置くのではなく，beaucoup そのものが，plus, autant, moins となります．自分を比較対象にして表現してみましょう．

　例　Tu travailles beaucoup.　「君はよく勉強するね．」

Tu travailles **plus que** moi.
> 「君は僕よりよく勉強するね.」

Tu travailles **autant que** moi.
> 「君は僕と同じくらいよく勉強するね.」

Tu travailles **moins que** moi.
> 「君は僕ほどはよく勉強しないね.」

cf. 比較の対象を導く que の後ろに人称代名詞を置く場合は，上の例のように，強勢形を使います．

（応用）

副詞 beaucoup から派生して名詞の数量の多さを表す beaucoup de という表現がありましたが，数量の比較をする時に上記の形がそのまま用いられます．

例　J'ai beaucoup de bandes dessinées. 「僕は漫画をたくさん持っている.」

J'ai **plus de** bandes dessinées que Fuki.
> 「僕はフキちゃんよりたくさん漫画を持っている.」

J'ai **autant de** bandes dessinées que Fuki.
> 「僕はフキちゃんと同じくらいたくさん漫画を持っている.」

J'ai **moins de** bandes dessinées que Fuki.
> 「僕はフキちゃんほどたくさんの漫画は持っていない.」

Exercices 1

例に倣って必要な単語を入れてみましょう．

例　(-) Dans ce café, les sandwichs au fromage sont moins chers que les sandwichs au jambon.

1) (+) Les enfants aiment ＿＿＿ les mangas ＿＿＿ les livres.
2) (=) J'aime ＿＿＿ les fraises ＿＿＿ les cerises.
3) (-) Les chats sont ＿＿＿ bruyants ＿＿＿ les chiens.
4) (=) Elle dessine ＿＿＿ bien ＿＿＿ ma sœur.
5) (+) J'ai ＿＿＿ d'amis ＿＿＿ mon frère.

Activités 1

聞こえた語を入れてみましょう．答えはCD (A-56) にあります．

1) Alors, il est comment ce café ? — Il est .... le café que j'ai bu tout à l'heure.

2) Comment tu trouves cette tarte ? — Elle est .... que d'habitude.

3) Qu'est-ce que tu as pensé de ce film ? — Il est .... je ne pensais.

4) Comment tu trouves la prof ? — Elle est .... sévère .... je ne croyais.

5) Comment tu trouves cette exposition ? — Je la trouve .... intéressante .... la dernière fois.

大切な表現 2

Si vous voulez, je vous raconterai l'histoire devant un café.

2 Si 現在形 présent + 単純未来 futur simple

非現実的なことを想定する場合と異なり，もし，こうだったら，という現実に起こりえる仮定的な話をしたい時に使う表現です．Siの後に現在形を用いて，あるかもしれない出来事を想定し，その結果，そうなるかもしれないことを単純未来形で表現します．

例　S'il fait beau demain, on fera un pique-nique sous les cerisiers.
「もしあした晴れたら桜の木の下でピクニック（お花見）をしよう．」

活用語尾はすべての動詞に共通で，すべての人称の活用が母音で終わるのが特徴です．形は -er 動詞と -ir 動詞の場合は，原形に avoir の現在形が付け加えられた

ものと考えてください．不規則動詞の場合は固有の語幹があるので，辞書で確認しましょう．語尾変化の音のパターンは3パターンでje, vous が同じ音, tu, il/elle が同じ，そして nous, ils, elles が同じになります．

（活用）

faire	habiter
je fer-**ai**	j' habiter-**ai**
tu fer-**as**	tu habiter-**as**
il fer-**a**	il habiter-**a**
elle fer-**a**	elle habiter-**a**
nous fer-**ons**	nous habiter-**ons**
vous fer-**ez**	vous habiter-**ez**
ils fer-**ont**	ils habiter-**ont**
elles fer-**ont**	elles habiter-**ont**

Exercices 2

動詞を単純未来にしてみましょう．

1) Dans deux ans, je (finir) mes études. Je (faire) un voyage à l'étranger avec mes amis de l'Université. Nous (aller) en Europe pour deux semaines. En Europe, nous (voyager) en train. Je (partir) tout seul quelques jours en Suisse. Je (rester) chez mes amis suisses.

Ensuite, je (retrouver) mes amis de l'Université et nous (prendre) l'avion de retour.

2) 次に 1) で作った文章の主語を Il に変えましょう．

avoir du retard	遅れる	avoir le temps	時間がある
avoir de la neige (sur la route)	雪が降る (道に積もっている)	faire mauvais temps	天気が悪い
		avoir de la pluie	雨が降る
avoir du soleil	晴天である	faire beau temps	天気がいい

Activités 2 A-57

CDを聞きながら単純未来を使って文章を完成させてみましょう．

1) Si elle ne vient pas ce soir, je lui (téléphoner) demain matin.
2) Si le train a du retard, je (prendre) le taxi pour aller chez toi.
3) S'il y a de la neige sur la route, nous (dormir) à l'hôtel.
4) S'il fait mauvais temps, elles n' (aller) pas se baigner.
5) Si j'ai le temps, je (faire) un gâteau pour ton anniversaire.

BOITE A OUTILS　CDを聞いて発音してみましょう．A-58

se marier 結婚する	mon mari （私の）夫	dynamique 活気にあふれた
être marié(e) 結婚している	ma femme （私の）妻	énergique 気力のある
être célibataire 独身である	mes enfants （私の）子供たち	excentrique 突飛な
avoir des enfants 子供がいる	mon chien （私の）犬	heureux(se) 幸せな
habiter 住む	mes amis （私の）友達	malheureux(se) 不幸な
voir des amis 友達に会う	mon passe-temps （私の）趣味	nerveux(se) 神経質な
faire du sport スポーツをする	ma voiture （私の）車	paresseux(se) 怠惰な
sortir 出かける	ma maison （私の）家	rigoureux(se) 厳しい
voyager 旅行する		

Activités 3

単純未来を使って，上の語彙を参考にフランス語に訳してみましょう．答えはCD（A-59）にあります．

私は10年後には結婚しているでしょう．今より自由時間は少なくなっているでしょう．夫は真面目で，元気な人でしょう．子供を2人産むでしょう．子供達は運動することが好きでしょう．大きな家に住んでいるでしょう．時々友達に会ったり，出かけたりするでしょう．犬は相変わらず怠け者でしょう．家族と旅行するでしょう．私達はとても幸せでしょう．

言葉のツボ7　最上級

比較級は2つのものを比較するのが基本ですが，グループの中で1つだけ抽出する場合には最上級を使います．比較級の応用で形は簡単なので覚えておきましょう．

le la les	plus aussi moins	形容詞 adjectif 副詞　adverbe	de	対象となる グループ

英語と同様に定冠詞を使います．形容詞の場合は名詞の性数によって定冠詞を使い分けますが，副詞の場合は常に le を使います．例：Isabelle est la plus belle de la classe.「イザベルはクラスで一番美人だ．」Camille travaille le plus de nous.「カミーユは我々のなかで最も働き者だ．」対象となるグループは前置詞の de で導きますが，比較級の場合と同様，言わなくてもわかるような場合はしばしば省略されます．L'été est la meilleure saison pour se baigner.「夏は海水浴には最も適した季節だ．」基本の形以外にも petit や mauvais のように2通りの最上級の形をもつものもあります．具体的なものには le plus petit, 抽象的概念の時は le moindre を使います．le plus mauvais よりも強調した言い方が le pire です．

例　C'est le plus petit ordinateur qui existe.
　　「これが現存する最も小さいサイズのコンピュータです．」

例　Faites attention aux moindres détails.
　　「ほんのわずかな細かい部分にも注意してください．」

最上級を使った定型表現もたくさんあるので少しずつ身につけていきましょう．

例　pour le mieux
　　「最高によく，最善を尽くして」

情報コラム7　まんが ● Manga

　フランスでは現在日本のマンガが大変注目されています．フランス語ではマンガは bandes dessinées といいますが，manga という言葉は，日本やアジアから輸入されたマンガを指す言葉としてフランス語として定着しています．パリではマンガのキャラクターのヘアスタイルが流行ったり，マンガ専門店やマンガ喫茶が見られるほど人気があります．1970 年代に『鉄腕アトム』*Astro le petit robot* などが初めてフランスのテレビで放送されて以来，日本マンガのファンは毎年増え続けています．

　1974 年からアングレームでは毎年国際マンガ祭が開かれていますが，現在新しいマンガ美術館も建設中です．

　また，1989 年にフランス語訳が出て，映画も大ヒットした『アキラ』*Akira* の作者の大友克洋さんは 2006 年にフランス政府から芸術文化勲章のシュバリエを授与されていますが，この作品以降，フランス語に訳されるマンガの数がとても多くなりました．たとえば 2005 年にはヨーロッパでは 2701 の新タイトルが発行され，そのうちの 1142 タイトルは日本やアジアのマンガでした．2005 年現在では欧州では 203 社の出版社がマンガを発行し，25 社がアジアのマンガを専門に出版しており，フランスでも 15 社以上のマンガ専門の出版社があり，日本のマンガだけを扱っている会社もあります．2005 年のベストセラーはフランスの *Asterix*（31.7 万部）と日本の *Naruto*（それぞれの 6 タイトルが 7〜11 万部）だったそうです．

　　　　　　　　（「マンガ記者と評論家協会」(ACBD) の 2006 年のリポートより）
　ところでフランスと日本のマンガは大変異なったものです．
　フランスではマンガというと活字が多くてフルカラーで A4 ぐらいのサイズの表紙のしっかりした装丁のものというイメージが浮かんできます．ですからフランスのマンガは文庫本より値段が高くて，絵本のように扱われています．日本語で読んだマンガのフランス語版を読むのもとても楽しい勉強になりそうですね．

3-2　Le journal de Fuki
蕗の日記

目標　quand と comme を色々な場面で使う．

A-60

　Cet après-midi j'étais à la Fnac avec Sophie quand j'ai rencontré un français très sympa, beaucoup plus drôle que Julien. **Comme nous avions du temps, nous avons pris un café ensemble.** 1

　Il a l'air passionné par les mangas. Il nous a raconté l'histoire des *Aventures de Fuki* et il m'a promis de me prêter le premier volume. Comme j'ai le même prénom que l'héroïne, j'ai envie de lire ce manga. Depuis mon arrivée à Paris, je vis beaucoup d'aventures, demain, **j'aurai déjà passé trois mois en France.** 2

Que le temps passe vite ![1]

> 使える一言　　A-61
>
> ① Que le temps passe vite !「時間がたつのはなんて早いんだろう！」
> 文頭に Que をつけることで感嘆文になります．
> 例：Que je suis heureux !「僕はなんて幸せなんだ！」
> 　　Que c'est drôle !「なんて面白いんだ！」

大切な表現 1
Comme nous avions du temps, nous avons pris un café ensemble.

1　quand/comme

ともに接続詞として用いられ，quand は時を，comme は理由を表す節を導きます．quand は用いられる時制によって，過去の一時点を表したり，ある一定の長さのある期間を表すこともできます．

例　Quand j'étais petite, ma famille habitait à Nice.
　　「私が小さかった時，私の家族はニースに住んでいました．」

Quand je suis rentrée à la maison hier soir, mon mari faisait la cuisine.
　　「私が昨夜帰宅した時，夫は料理をしていました．」

Comme mon copain adore le chocolat, je lui ferai de la mousse au chocolat pour son anniversaire.
　　「私の彼はとてもチョコレートが好きなので，彼のお誕生日にはチョコレートムースを作ってあげるつもりです．」

Exercices 1

適切なものを選んで文章を完成させてみましょう．

1) Comme j'ai mal à la tête,　je vais acheter du chocolat.
　　　　　　　　　　　　　　je n'ai pas envie de téléphoner à un ami.
　　　　　　　　　　　　　　j'ai envie de prendre de l'aspirine.

2) Comme il a mal aux dents,　il va aller chez le dentiste.
　　　　　　　　　　　　　　il a envie de manger des bonbons.
　　　　　　　　　　　　　　il va se laver les mains.

3) Comme ce film a l'air intéressant,　nous n'avons pas envie d'aller le voir.
　　　　　　　　　　　　　　　　　　nous allons l'enregistrer.
　　　　　　　　　　　　　　　　　　nous allons lui parler.

4) Comme elle a envie de faire du ski,　elle va aller dans une station de ski.
　　　　　　　　　　　　　　　　　　　elle va acheter un maillot de bain.
　　　　　　　　　　　　　　　　　　　elle va aller au bord de la mer.

5) Comme ils ont l'air fatigués,　ils vont aller danser.
　　　　　　　　　　　　　　　ils ne vont pas se reposer.
　　　　　　　　　　　　　　　ils vont se reposer pendant une heure.

avoir mal à la tête 頭が痛い	avoir envie de + 動詞 ～したい
avoir mal aux dents 歯が痛い	parler 話したい
avoir mal au dos 背中が痛い	dormir 寝たい
avoir l'air en forme 元気そうである	partir 出かけたい
avoir l'air fatigué(e) 疲れているようである	rentrer 帰りたい
avoir l'air triste 寂しそうである	lire 読みたい
	boire 飲みたい
	manger 食べたい

Activités 1

例に倣って Quand で始まる文章を完成させましょう．答えは CD (A-62) にあります．

例　j'– enfant – quand – étais – zoo – aller – aimais – au – j'.
　　Quand j'étais enfant, j'aimais aller au zoo.
1) Quand – suis – je – chez – lui – allée – n'était – pas – là – il.
2) Quand – à – la gare – arrivé – il – est – partait – le train.
3) Quand – dix – j' – avais – ans – je – espion – devenir – voulais.
4) Quand – sommes – nous – allées – bord – au – mer- de la – il – mauvais – faisait – temps.
5) Quand – il – nous – pleuvait – au – souvent – monopoly – jouions.

大切な表現 2
J'aurai déjà passé trois mois en France.

2　前未来

　未来において完了してしまっているだろうということを表す時制です．ある一定の未来の一時点を念頭において，その時までには終わっているだろうということを表現したい時に使います．例えば，『6時までには家に帰っているだろう』とか『明日の朝にはこの仕事は終えているだろう』など，日常生活でもよく使うレベルの表現なので，形と使い方を覚えて行きましょう．

　完了のニュアンスがあるので，助動詞 + 過去分詞という複合過去と同じフォームをもっているのですが，助動詞に現在形ではなくて，単純未来の時制を使います．助動詞に être を使うか avoir を使うかは，複合過去の時と全く同じですし，過去分詞の主語との性数一致の問題も複合過去の時と同様です．先ほどの例をフランス語に直すと，次のようになります．

　　Je serai rentré(e) à la maison à 18 heures.
　　J'aurai fini ce travail demain matin.

BOITE A OUTILS　CD を聞いて発音してみましょう． A-63

faire des études de droit　法律を勉強する　　　　ne pas faire d'études
finir ses études de médecine　医学の勉強を修了する　ne pas finir ses études
économiser de l'argent　（お金）を貯める　　　　ne pas économiser d'argent
garder de l'argent　（お金）を残す　　　　　　　ne pas garder d'argent
avoir de l'argent　（お金）を持つ　　　　　　　　ne pas avoir d'argent

Exercices 2

次の文章を読んで単純未来と前未来を分けて書き出してください．

　En 2020, j'aurai fini mes études d'architecture mais je ne travaillerai pas tout de suite.
　Comme j'aurai économisé de l'argent pendant mes années d'études, avant de commencer à travailler, je voyagerai à l'étranger pendant six mois. Je visiterai les capitales de plusieurs pays. Quand j'aurai visité certaines capitales, j'irai aussi à la campagne.

単純未来	前未来
je ne travaillerai pas	j'aurai fini
....	....
....	....
....	....

Exercices 3

例文に倣って次の文章を直してみましょう．

例　Je finirai mes études et je voyagerai.
　　Quand j'aurai fini mes études, je voyagerai.

1) Elle se lavera les dents et elle se couchera.
2) Ils finiront ce travail et ils iront dîner.
3) Tu partiras et elle rentrera chez elle.
4) Il pleuvera, les limaces (なめくじ) et les escargots sortiront.
5) Tu te lèveras et tu verras la montagne sur ta droite.

Activités 2

quand あるいは comme を入れてみましょう．答えは CD (A-64) にあります．

　　Samedi, ... j'aurai terminé mon travail avant midi, j'irai déjeuner avec des amis. .... nous aurons fini de déjeuner, j'inviterai mes amis à prendre le café à la maison. .... nous aurons bu le café, nous irons faire une promenade. Mais .... la saison de la chasse (猟) a commencé, nous n'irons pas nous promener dans les bois.

言葉のツボ 8　　話す

　　何かを考える時も，考える内容，考え方で動詞をうまく選ぶことが大切でしたが，話す時も同様です．Je parle français.「私はフランス語を話します．」のように言語を話す時には parler を使いますね．でも parler は前置詞の à や de を伴って Je parle à ma sœur.「私は妹と話します．」On parle de notre projet de vacances.「私たちは休暇の計画について話しています．」のように，誰かに話しかけたり，何かについて話したりすることもできますね．また se parler という代名動詞で話し合うという形でも使えます．Ils se parlent tous les soirs au téléphone.「彼らは毎晩電話で話しています．」

　　でも Les étudiants disent au revoir à leur professeur.「学生たちは先生にさようならと言います．」Il a dit à sa femme qu'il était fatigué.「彼

は妻に疲れているんだと言いました.」のように，誰かに何かを言う，という時には dire à quelqu'un+nom（誰か＋名詞）/ que ～という形を使います．

　また，お母さんが子供にお話をしたり，こんな出来事があったのよ，と何かまとまったエピソードを語る時は raconter を使いますし，無駄話をしたり，あまり意味のないことをぺちゃくちゃおしゃべりするという時には bavarder や papoter を使います．これらは何の話かという内容はどうでもいい場合に使うので，普通目的語は置きません．秘密にしていたことを暴露する時は avouer, 誰かに声をかける時は s'adresser à quelqu'un（誰か），ものを訊ねる時は demander, 命令する時は ordonner, お願いする時は supplier, 自分が独り言を言ったり，自問自答する時には se dire, se demander などを使うと良いでしょう．

　状況に合わせてうまく使い分けてくださいね．

情報コラム 8　　Fnac

　Fnac は日本の大型電気店のような店で，ordinateurs（コンピュータ）や appareils photo numériques（デジカメ），caméscopes（ビデオカメラ），chaînes et éléments hi-fi（オーディオ機器），téléphones mobiles（携帯電話）や audio portable（モバイル機器）など様々なものを扱っています．livres（書籍）に CD, DVD, jeux vidéo et logiciels（テレビゲームやコンピュータのソフト）などもあります．ただし，téléviseurs（テレビ）や lecteurs DVD（DVD プレーヤー）などはありますが，réfrigérateurs（冷蔵庫）や aspirateurs（掃除機）などのいわゆる生活家電は基本的に扱っていません．tirages photos（写真の現像）や，réservations des spectacles（各種のチケットの予約）や voyages（旅行）の取り扱いもしているので，余暇を快適に過ごすためのいろいろな情報を収集できる場所です．CD や書籍も少し価格がお手頃になっているので，いつも若者で賑わっています．

　パリ市内だけでも 8 店舗あり，フランス国内の主要都市にはだいたいどこでも見つかります．もちろん achat en ligne（ネットショッピング）も行っています．
http://www.fnac.be/fr/

3-3 Michel téléphone à Julien

ミシェルはジュリアンに電話をする

目標 自然な会話のやりとりを学ぶ.

A-65

Michel : Allo, bonsoir Julien. Qu'est-ce que tu deviens ?

Julien : Bof ! ①

Michel : **Qu'est-ce qui t'arrive ?** ①

Julien : Rien, j'ai un peu mal à la tête. Par contre, toi tu as l'air content.

Michel : J'ai quelque chose à te raconter. J'ai rencontré une fille. Devine qui ?

Julien : Je ne sais pas…

Michel : Tu la connais, c'est Fuki.

Julien : Tu plaisantes ! ② Mais où est-ce que vous vous êtes rencontrés ?

Michel : Au rayon des mangas à la Fnac.
Julien : Comment tu l'as reconnue ?
Michel : C'est simple.Elle était devant le rayon des mangas et je lui ai parlé.
Julien : Elle était seule ?
Michel : Non, avec sa copine Sophie. Elles s'entendent bien toutes les deux. **Si on sortait tous les quatre ensemble ?** ②
Julien : Je ne sais pas trop… Tu sais, j'ai vraiment mal à la tête alors je te laisse. Salut.
Michel : Salut !

使える一言 A-66

① Bof !:「まあまあ！」「そこそこ！」適当に返事をしたい時に使います．
② Tu plaisantes !:「ええ，そんな，まさか！」驚きをあらわします．

大切な表現 1

Qu'est-ce qui t'arrive ?

① 疑問詞 Qu'est-ce qui / Qu'est-ce que

ともに人ではなく事物についてたずねる疑問詞ですが，知りたいこと / ものが主語になっている場合は Qu'est-ce qui を，それ以外の目的語や補語になっている場合には Qu'est-ce que を使います．

例　Un accident est arrivé ce matin sur l'autoroute.
　　「今朝高速道路で事故がありました．」

Marie cherche ses lunettes.　「マリーはメガネを探しています．」

C'est <u>un porte-clés</u>.　「それはキーホルダーです．」

それぞれ下線の部分を訊ねたい時には，

Qu'est-ce qui est arrivé ce matin sur l'autoroute ?
「今朝高速道路で何があったのですか？」
Qu'est-ce que Marie cherche ?　「マリーは何を探しているの？」
Qu'est-ce que c'est ?　「それは何？」
となります．

cf. もし尋ねたい対象が人で主語である場合は Qui est-ce qui，または Qui を，目的語や補語になっている場合には Qui est-ce que を使います．

例　<u>Paul</u> joue du piano.　「ポールはピアノを弾いています．」
　　Marie cherche <u>Paul</u>.　「マリーはポールを探しています．」

それぞれ下線の部分が知りたい時には，

Qui est-ce qui joue du piano ?　「誰がピアノを弾いているの？」
Qui est-ce que Marie cherche ?　「マリーは誰を探しているの？」

すなわち，文頭の Que がもの，Qui が人を示し，後に続く que は目的格，qui は主格を示すととらえればよいでしょう．

BOITE A OUTILS　CD を聞いて発音してみましょう．　A-67

Qu'est-ce que tu veux ?　　何が欲しいの？
Qu'est-ce que tu dis ?　　　何て言ったの？
Qu'est-ce que tu choisis ?　何を選ぶの？
Qu'est-ce qui te fait rire ?　何で笑ってるの？
Qu'est-ce qui se passe ?　　何があったの？

Exercices 1

質問の答えを下の枠から探してみましょう.

1) Qu'est-ce qui a quatre pattes et aime chasser les souris ?
2) Qu'est-ce qui chante au lever du jour ?
3) Qu'est-ce que tout le monde utilise pour se laver ?
4) Qu'est-ce que les japonais utilisent en général pour manger ?
5) Qu'est-ce que les français boivent assez souvent ?

> du savon, un chat, des baguettes, un coq, du vin

Activités 1 A-68

CDを聞いて下線の部分を埋め，それぞれの質問の答えを右のa)〜e)の中から選びましょう.

1) .... tu prends ?   a) — Ça va bien et toi ?
2) .... tu deviens ?   b) — J'ai mal à la tête.
3) .... ne va pas ?   c) — Je vais prendre un café et une tarte au citron.
4) .... te plaît ?   d) — Le téléphone est coupé.
5) .... se passe ?   e) — Cette robe me plaît.

大切な表現 2

Si on sortait tous les quatre ensemble ?

2 誘う時の表現 Si on + 半過去

　一緒に〜しようよ，という何かを誘う時に便利なのが Si on + 半過去の時制の動詞というフォームです．

　これは元々仮定的な表現で，直訳すると，もし一緒に〜したら，という言い方ですが，そうすれば楽しいんじゃない？という表現が省略されたものと考えてくださ

い．その省略された部分に本来使われるのが条件法の現在という時制です．これは英語の仮定法と同様，現実の裏側を想定し，その非現実を前提に何かを述べる時の表現です．仮定を述べる条件節で先ほどの Si + 半過去の形を使い，帰結節で条件法現在を使うことによって，現実をストレートに述べるのではなく，ヴァーチャルなイメージを表す事ができます．条件法現在の活用は単純未来を語幹として，avoir の半過去形の語尾を加えたものです．

例　C'est dommage ! Si j'avais faim, je pourrais manger ce gâteau. Il a l'air très bon. Mais je viens de déjeuner.

「あ～残念，おなかが減ってたらこのお菓子食べるんだけどなあ．おいしそう…でもさっきお昼ご飯食べたばかりだし…」

現実は「おなかが減っていないので食べない」のですが，そういってしまうと身も蓋もないですね．感情を豊かに表現するためには大切な言い回しです．

Exercices 2

次の文章を日本語に訳してください．

1) Si on allait à la piscine demain ?
2) Si on allait au ski la semaine prochaine ?
3) Si tu mangeais avec nous ?
4) Si on s'arrêtait un petit moment ?
5) Si on partait quelques jours ?

Activités 2

今度は友達を誘ってみましょう．次の表現を参考にしながら次の文章をフランス語に訳してください．答えは CD (A-69) にあります．

1) 月曜日映画に行こうか？
2) 来月インド料理を食べに行こうか？
3) 飲みに行こうか？
4) お茶にしようか？
5) 音楽を聞こうか？

aller au cinéma	映画に行く
aller au théâtre	劇場に行く
aller au restaurant	レストランに行く
prendre un café	コーヒーを飲む
prendre un verre	(何か飲み物) を飲む

言葉のツボ9　フランス語になった日本語 ● Les mots japonais dans la langue française

　　フランス語の中で日本語語源の言葉もいくつかあります．割合と古くからフランス語になっているものには le kabuki, le bonsaï, le judo, le karaté, le kakemono など伝統的な日本の文化をそのまま伝える言葉があります．le zen, le tatami, le futon などは，それぞれ，落ち着いた心安らぐ雰囲気，い草の敷物，床に直接敷くタイプのマットレス，という本来の言葉とは少し意味合いが変わって使われています．東洋的なライフスタイルはおしゃれで先端的であるととらえられているので，そういう雰囲気を好む人々は日本文化にも関心が高く，パリには日本的な調度品を扱うお店もいくつかあります．

　　健康ブームのせいもあり，日本食も人気です．元々 le tofu（豆腐）, le kaki（柿）, le shitake（椎茸）などはそのまま使われていましたが，le soba, le wakamé などの文字も最近はみかけるようになりました．

　　別の分野で人気があるのは日本のアニメやゲームです．テレビゲームは les jeux vidéo と言っていましたが，今では le Nintendo でも通じます．3-1 の情報コラム 7 でも紹介しましたが，若者の間で日本の Manga は大流行しており Otaku という言葉も少しずつ市民権を得始めています．

　　こういう平和的な言葉はたくさんフランス語になってもらいたいと思いますが，少し悲しいのは le kamikaze という言葉です．テレビのニュースなどで最近耳にすることが多いですが，これは自爆テロリストを指す言葉で，この語源が日本語であるということは残念な事ですね．

情報コラム9　教育制度 ● Organisation de l'enseignement en France

　現在のフランスの教育制度は第二次世界大戦後に作られたものですが，école maternelle（幼稚園）が 3 ～ 4 年間（2, 3 歳から 6 歳），école primaire（小学校）が 5 年間，collège（中学）が 4 年間，lycée（高校）が 3 年間という就学年数になっています．日本で言う小学一年生は CP (cours préparatoire)（準備科）と言われ，11ème の学年とされます．だんだん上に行くと数が少なくなり，高校三年生は classe terminale となります．フランスでは一部のキリスト教系の学校を除いてほとんどが公立学校なので，その教育は宗教とは分離され，無償で行われています．義務教育は 16 歳までですが，saut de classe（飛び級）や redoublement（落第）もあるので，どの段階までかは人によって異なります．

　中学卒業時に，高校に行ってさらに大学などの高等教育を目指すか，または lycée d'enseignement professionnel（職業高校）や école d'agriculture（農業学校），lycée technique（技術高校）などに行って就職に直結する知識や技術を習得するか，という選択肢があります．

　大学入試は grandes écoles という高等専門教育機関以外は各大学による選抜式ではありません．baccalauréat（バカロレア）という大学入学資格を得ると，基本的には何歳になってもどの大学にでも入る事ができます．大学での études universitaires générales（一般教育課程）は通常二年で修了し，三年目は licence（学士課程），四年目は maîtrise, master recherche ou professionnel（修士課程）となります．日本のように入学式や卒業式はないので，いつまで，どこまで勉強を続けるかは個人差があります．学生の年齢の幅も広く，大学単位のクラブや同好会もないので，同窓生，同級生という仲間意識はあまり芽生えないようです．日本の教育制度との差異も踏まえて，いろいろな情報交換ができればいいですね．

実践会話練習 1　**Rencontre dans une soirée** パーティーで　A-70

あなたの同僚にクリスマスパーティーに誘われました．そこであるフランス人に声をかけられました．CD を聞きながら指示に従ってポーズの間にフランス語で答えてください．模範解答は CD (A-71) にあります．

フランス人男性：	「こんばんは．お飲物はいかがですか？お嬢さん．」
	Bonsoir, vous buvez quelque chose Mademoiselle ?
あなた：	「ありがとうございます．いただきます．」
フランス人男性：	「ぼくはピエールです．はじめまして．」
	Je m'appelle Pierre. Enchanté.
あなた：	「私はようこです．はじめまして．」
フランス人男性：	「誰と一緒に来たんですか？」
	Vous êtes venue avec qui ?
あなた：	「サビーヌと．彼女の事を御存じですか？（connaître を使って）秘書なんですけど．」
フランス人男性：	「よく知っています．同じ会社で働いていましたから．あなたは彼女とは昔からの友達ですか？」
	Je la connais très bien. On a travaillé dans la même entreprise. Vous la connaissez depuis longtemps ?
あなた：	「いいえ，3ヵ月前からです．私はパリに来たばかりなんです．（近接過去を使って）」
フランス人男性：	「パリの生活はどうですか？」
	Comment est la vie à Paris ?
あなた：	「とても気に入っています．パリは快適だし，面白いし．」（trouver を使って）
フランス人男性：	「これから長くパリにいらっしゃる予定ですか．」
	Vous allez rester longtemps à Paris ?
あなた：	「2年の予定です．（近接未来を使って）」
フランス人男性：	「ああ，そうですか．で，お仕事は何を？」
	Ah, vraiment. Et qu'est-ce que vous faites ?
あなた：	「翻訳をしてるんです．三越デパートで．」

82

フランス人男性：「だからフランス語がお上手なんですね.」
　　　　　　　C'est pour cela que vous parlez si bien français.
あなた　　　：「そんなことありません．まだまだです．もしもう少し時間が
　　　　　　　あれば，もっと勉強できるんですけど.」（si imparfait 半過
　　　　　　　去 + conditionnel présent 条件法現在 を使って）
フランス人男性：「それより，いろんな人と話をするのが一番ですよ.」
　　　　　　　Je crois que le mieux est de parler avec beaucoup de
　　　　　　　personnes différentes.
あなた：　　　「そうですね．でも，まだあまり知り合いができないんです.」
　　　　　　　（se faire des amis を使って，複合過去で）
フランス人男性：「僕の家でパーティをするんですが，来週の土曜日はお暇です
　　　　　　　か.」Je fais une petite fête chez moi, vous êtes libre
　　　　　　　samedi prochain ?
あなた：　　　「時間は大丈夫なんですけど…（単純未来を使って）」
フランス人男性：「大丈夫ですよ．友達がたくさん来ることになってるし，サビー
　　　　　　　ヌも招待してありますし.」
　　　　　　　Ne vous en faites pas. Il y aura beaucoup de monde et
　　　　　　　puis Sabine aussi est invitée.
あなた：　　　「そうですか．じゃあ，彼女と一緒に伺います．（単純未来を使っ
　　　　　　　て）あ，サビーヌだわ．じゃあ，また土曜日に.」
フランス人男性：「お待ちしています.」
　　　　　　　Je vous attends.

第四章　　　　　　　　　　　Dispute ● 諍い

4-1　Julien et Fuki se disputent
ジュリアンとフキちゃんはけんかをする

目標　必要性を述べる．自分の意志や考えを伝える．

A-72

Julien attend Fuki à la sortie de son cours de français.

Julien : Bonjour Fuki. Ça fait longtemps.① Comment ça va ?
Fuki　: Très bien, merci. Ça ne peut pas aller mieux !
Julien : Ah, bon… Si on allait au café, je voudrais te parler.
Fuki　: D'accord.

(Au café, ils sont assis.)

Fuki　: Tu n'as pas l'air très heureux.
Julien : Si, si mais **il faut que je te parle.** [1]
Fuki　: Il s'agit de quoi ?②
Julien : Eh bien, maintenant nous avons un ami en commun.

Fuki :	Tu parles de qui ?
Julien :	De Michel, tu l'as rencontré à la Fnac, n'est-ce pas ?
Fuki :	Oui, et alors ?
Julien :	Il ne faut pas que tu le revoies.
Fuki :	Qu'est-ce que tu dis ? C'est une plaisanterie ?
Julien :	Non, je suis sérieux. **Je ne veux pas que vous deveniez amis.** 2
Fuki :	Tu n'es vraiment pas drôle. Je te laisse. Au revoir.

使える一言　A-73

① Ça fait longtemps. :「久しぶりですね.」Ça fait longtemps que 〜 という表現で「〜するのは久しぶりだ」という時にも使えます.

② Il s'agit de quoi ? :「何のことですか？」話題が何であるか知りたい時に使います.

大切な表現 1

Il faut que je te parle.

1 接続法現在（1）

　`il faut + 名詞` の形では,「〜が必要である」, また `il faut + 動詞の原形` という形で,「〜しなければならない」という表現はよく使いますね. 今回は `il faut + 節` という形で, 誰々が〜しなければならないとその行為の主体をはっきり明示する方法を見ていきます.

　まず,「〜しなければならない」という事が言いたい時, その行為はまだ行われていないという事に着目してください. これは発話者がそう判断しているだけで, これから行われるかどうかもわからない事象を表しているのです. これを il faut を使って置き換えてみましょう. Il faut manger. と言う場合, この行為を誰が行うべきなのか, これだけでははっきりわかりません. そこで, はっきりさせるために que という接続詞を伴って, 主語, 動詞を明示する形が必要になるわけです.

Il faut que je mange. Il faut que tu manges. とすれば，食べなければならない人がはっきりします．つまり，ここにも Il faut que と表現している話者の意思が現れており，また，「〜しなければならない」という行為は実現に及んでいないので，接続詞 que のあとに置かれる動詞は接続法で表されることになります．

（活用）

avoir	être	chanter	finir
que j' aie	que je sois	que je chante	que je finisse
que tu aies	que tu sois	que tu chantes	que tu finisses
qu'il ait	qu'il soit	qu'il chante	qu'il finisse
qu'elle ait	qu'elle soit	qu'elle chante	qu'elle finisse
que nous ayons	que nous soyons	que nous chantions	que nous finissions
que vous ayez	que vous soyez	que vous chantiez	que vous finissiez
qu'ils aient	qu'ils soient	qu'ils chantent	qu'ils finissent
qu'elles aient	qu'elles soient	qu'elles chantent	qu'elles finissent

BOITE A OUTILS CD を聞いて発音してみましょう． A-74

faire une demande de visa	ビザを申請する
aller au consulat de France	フランス領事館に行く
s'inscrire dans une école	（語学）学校に登録する
trouver un domicile	部屋を見つける
ouvrir un compte en banque	銀行口座を設ける

Exercices 1

フランスに行く準備をしましょう．Il faut que, il est nécessaire que の後に接続法を使ってみましょう．

Avant de partir en France, il faut que tu (faire) une demande de visa. Pour faire une demande de visa, il faut que tu (aller) au Consulat de France. Mais avant de faire ta demande, il est nécessaire que tu (s'inscrire) dans une école. Quand tu seras inscrit(e), il faut que tu (trouver) un domicile. Lorsque tu auras trouvé un domicile, il faut que tu (ouvrir) un compte en banque. Et bien sûr, il est nécessaire que tu (acheter) une nouvelle valise solide, mais attention il ne faut pas qu'elle (être) trop lourde. Bon séjour en France !

BOITE A OUTILS　CD を聞いて発音してみましょう．　A-75

avoir un(e) correspondant(e)	文通相手，メール友達がいる
écrire souvent à (qqn)	よく手紙，メールを (人に) 書く
demander conseil à (qqn)	(人に) 相談する
parler de ses goûts à (qqn)	自分の好みについて (人に) 話す

Exercices 2

メール友達の話をしましょう．Il vaudrait mieux que, ce serait mieux que, il serait nécessaire que という婉曲表現の後に接続法を使ってみましょう．

Pour faire des progrès en français, il vaudrait mieux que tu (avoir) un correspondant français.

Ce serait bien que ton correspondant (être) du même âge que toi. Il serait nécessaire que tu (écrire) souvent à ton correspondant. Il vaudrait mieux que tu (parler) de tes goûts à ton correspondant et ce serait bien que tu lui (demander) conseil si tu as l'intention de séjourner en France.

大切な表現2

Je ne veux pas que vous deveniez amis.

2 接続法現在（2）

　話し手が自分以外の人にしてほしいと思っている事を表現する時に，ここで学ぶ接続法というモードを使います．ですからまず，話し手の意思や要求を表す動詞，Je voudrais, j'aimerais, je souhaiterais, je désire que や Je veux, j'exige, j'ordonne que などの後の節の中で使われると考えてください．

　また，それだけでなく，話し手の心理的な状態を表す動詞，例えば，Je crains, je redoute, j'ai peur que（恐れ，不安）や，感情を表す形容詞などの後でも使われます．

　ところで，「〜したい」という自分で行う行為に対する意思や要求は，不定法で表されますね．"Je veux manger." でもわかるように基本的に不定法で表される動詞の主体はその文章の主語です．さて "Je veux manger." という時，食べたい，と自分が思っているだけで，manger という行為は発話者の頭の中にしかありません．つまり，不定法と言われる動詞の原形はまだ具現化していない行為を表すフォームであると考えてください．

　また，もし，話し相手に対して「〜してほしい」と言う意志を伝えるのであれば，命令法を使って，直接伝える事ができますね．しかし，命令法は会話の現場にいる人に対する直接的な話者の意思の伝達で，その場にいない人には使えません．例えば，お母さんが，息子に向かって「食べなさい！」という時には "Mange!" と命令法で言えますが，お友達に「うちの子，ちゃんと食べてくれなきゃ」と愚痴をこぼす時には，"Je veux que mon fils mange." となるわけです．ここで接続法が活躍する事になります．接続法はこのように，基本的には複文において接続詞 que の後で用いられます．そして，接続法で表された動詞の行為は話者の頭の中にあるだけで，実現するかしないかという部分とは別の次元にあると考えてください．

　不定法や命令法というモードがともに話し手の意思を伝えているだけで，実はそこで表現されている行為は実現されるかどうかわからないという特徴を持っているのと同様です．つまり，不定法，接続法，命令法はとても近い関係にあるという

ことに着目してください．avoir, être, savoir, vouloir などの命令法の活用の形をみても接続法との関連性がよくわかりますね．

BOITE A OUTILS CD を聞いて発音してみましょう． A-76

願望	心配	命令
Je voudrais que 〜 〜することを望む J'aimerais que 〜 〜してもらいたい Je souhaiterais que 〜 〜であればいいなと願う Je désire que 〜 〜することを願う	Je crains que 〜 〜ではないかと恐れている Je redoute que 〜 〜ではないかと心配する J'ai peur que 〜 〜であることを恐れる	Je veux que 〜 〜して欲しい J'exige que 〜 〜することをぜひとも必要とする J'ordonne que 〜 〜することを命じる

Exercices 3

接続法を使って例に倣って文を完成させてみましょう．

例　Croyez-vous qu'il fera beau temps demain ?
　　J'aimerais beaucoup qu'il <u>fasse</u> beau mais je ne peux pas vous dire.

1) Pensez-vous que nous serons à l'heure au concert ?
   Je crains que nous (arriver) en retard à cause des embouteillages.
2) Crois-tu que ce manteau m'ira bien ?
   J'ai peur que ce manteau (être) trop petit pour toi.
3) Qu'est-ce que vous voulez, Monsieur ?
   Je veux que vous (venir) me voir dans mon bureau dans une demi-heure.
4) Penses-tu que l'avion de Marie sera déjà à l'aéroport ?
   Je voudrais qu'il y (être) déjà !
5) Crois-tu que nous finirons ce travail à temps ?
   J'aimerais que nous le (finir) au plus vite.

Activités 1 🎧 A-77

CD を聞いて動詞を適切な形にして入れてみましょう．

1) Je veux que vous (savoir) compter jusqu'à cent !
2) Je crains qu'il ne (pouvoir) trouver son chemin à la nuit tombée !
3) Je voudrais qu'elle (me écrire) plus souvent !
4) Je désire que nous (faire) une fête pour son anniversaire !
5) J'ai bien peur qu'il (falloir) partir tout de suite.

言葉のツボ 10　おいとまの表現 ● À tout à l'heure !

　フランス人は別れ際に単に Au revoir. や Salut. という言葉だけでなく，多くの挨拶の言葉を使います．大きく分けて，別れた後の相手の状況を思いやった言葉と，次に会う時の確認の２つに分類する事ができます．前者は別れた時の時間帯や，その後に相手が何をするかで表現が異なります．

　例えば，別れる時間帯が午前中なら，Bonne journée !午後なら Bon après-midi !夕方なら Bonne soirée !という具合です．またその後の行動を把握していれば，それがうまく行くようにと，やはり bon という形容詞を使ってさまざまな言い方ができます．旅行前なら Bon voyage !バカンス前なら Bonnes vacances ! というのは良く知られていますが，日常的には，例えば仕事前なら Bon travail !お散歩前なら Bonne promenade !パーティに行く前なら Bonne fête !などなどヴァリエーションは無限です．いろいろ使ってみましょうね．

　また次にいつ会えるかというのも大切なことですね．明日また会う人には À demain !来週会う人なら À la semaine prochaine !ですが，同じ日にまた後で会う時には À tout à l'heure !や À plus tard !簡単には À plus !ほんとにすぐにまた顔を見る事になる場合は À tout de suite !などがあります．いつ会えるか，次の約束がついていない人には，とりあえず À bientôt !と言って笑顔で別れましょう．別れ際の Bises や握手も忘れないでくださいね．

情報コラム 10　　口論？ 討論？　● Dispute？　Discution？

　一般的に日本人はあまり議論を好みませんが，逆にフランス人はとても議論好きです．１つのテーマについてはっきりと自分の意見を述べ合う事を好みます．議論は相手を言い負かしたり，相手の同意を得る事を目的にしているのではなく，相手の意見を聞き，自分の意見を理解してもらいたいという気持ちから生じるものです．たいていのフランス人はとてもよく話しますが，時々口げんかをしているように見えるのは議論が白熱している時です．普段穏やかな人が声が大きくなったり，ジェスチャーが派手になってくると，見ていてはらはらしそうになりますが，本人たちはけんかをしているという意識はなく，一旦議論が終結するとまた元通りになるので心配はいりません．フランス人と意見の交換をする時には好きか嫌いか，賛成か反対かなどをはっきりと表明するだけでなく，その理由も同時に説明できるようになるほうがいいでしょう．フランスでは論理的に物事を考えて，それを他人に説明できる事が必要であると考えられており，皆子供の頃からそういう教育を受けています．他人を納得させる明確な理由に基づいた言論が求められるのはそういう土壌があるからなのです．

4-2　Le journal de Julien
ジュリアンの日記

目標　接続詞を使って論理性や感情を表現する．

🎧 A-78

　Je suis allé chercher Fuki à la sortie de son cours de français l'autre jour① mais nous nous sommes disputés. **Elle ne répond pas au téléphone bien que je lui aie laissé plusieurs messages.** ② **Demain, je vais passer chez elle avant qu'elle ne sorte.** ① Je serais heureux qu'on puisse se réconcilier. Je voudrais qu'elle me dise ce qu'elle pense de Michel. Je ne pense pas qu'elle soit amoureuse de lui mais je dois② m'en assurer...

使える一言　🎧 A-79

① l'autre jour：「先日，このあいだ」．日本語と同じような感覚で使えます．「ある日」，という時は un jour を使ってください．

② je dois + 動詞の原形：devoir は，「～しなければならない，～すべきだ」という義務を表す表現です．Il faut + 動詞の原形で言い換えることもできます．

大切な表現 1

Demain, je vais passer chez elle avant qu'elle ne sorte.

1 接続法をともなう接続詞句

　接続法を使うケースとして，今まで，要求や願望の動詞に導かれる場合や，感情や必要を表す形容詞に導かれる場合を見てきましたが，接続詞句に導かれる場合もあることを確認しておきましょう．bien que ～（～にもかかわらず），quoi que ～（～にもかかわらず）のように譲歩を表す接続詞句や，pour que ～（するために〈日常語〉），afin que ～（～するために〈文章語〉）のように目的を表す接続詞句などに導かれる節では通常接続法が用いられます．de sorte que ～，（～するように）à condition que ～（もし～ならば），pourvu que ～（～しさえすれば），avant que ～（～する前に）なども同様です．どれが接続法をともなう接続詞句かは辞書に明記されていますので，確認しておきましょう．

Exercices 1

接続法の現在を使って文章を完成させてみましょう．

1) Bien qu'il (faire froid) ces derniers jours, nous n'utilisons pas le chauffage.
2) J'ai fait un gâteau plus gros que d'habitude pour que tout le monde (pouvoir) en manger.
3) À condition que les enfants (ne pas oublier), nous pourrons les emmener au cirque.
4) Bien que nous (ne pas se voir) depuis des années, nous sommes toujours amies.
5) Pourvu qu'il (neiger) beaucoup avant que nous allions au ski.
6) De sorte que vous (pouvoir) me joindre, je vous donne mon numéro de téléphone portable.

Activités 1 A-80

CDで聞こえてくる表現を入れてみましょう．

1) On ira au bord de la mer demain .... le temps le permette.
2) Ils sont allés au cinéma .... leurs parents leur aient interdit d'aller voir ce film.
3) Quand nous arriverons à la maison .... le repas soit prêt, j'ai très faim.
4) Je lui ai acheté une glace .... il arrête de pleurer !
5) J'ai fait le ménage .... vous veniez.

大切な表現 2

Elle ne répond pas au téléphone bien que je lui aie laissé plusieurs messages.

2 接続法過去

前課で接続法の現在の形を見てきましたが，接続法にも複合の形，つまり助動詞 avoir または être の接続法の現在と過去分詞の組み合わせで表される接続法過去という形があります．これは主節の時制に対して，その時制よりも前に完了してしまったことを表現する時に使います．たとえば，次の2つの文を比べてみましょう．

Je suis triste que tu partes.
Je suis triste que tu sois partie.

どちらも「私が悲しい」というのが現在の状態なのですが，前の文は君が行ってしまうという出来事はまだ完了していないのに対し，後の文はもう君は行ってしまったという事実があるという違いがあります．

(活用)

avoir	
que j'	aie eu
que tu	aies eu
qu'il	ait eu
qu'elle	ait eu
que nous	ayons eu
que vous	ayez eu
qu'ils	aient eu
qu'elles	aient eu

être	
que j'	aie été
que tu	aies été
qu'il	ait été
qu'elle	ait été
que nous	ayons été
que vous	ayez été
qu'ils	aient été
qu'elles	aient été

arriver	
que je	sois arrivé(e)
que tu	sois arrivé(e)
qu'il	soit arrivé
qu'elle	soit arrivée
que nous	soyons arrivé(e)s
que vous	soyez arrivé(e)(s)
qu'ils	soient arrivés
qu'elles	soient arrivées

finir	
que j'	aie fini
que tu	aies fini
qu'il	ait fini
qu'elle	ait fini
que nous	ayons fini
que vous	ayez fini
qu'ils	aient fini
qu'elles	aient fini

Exercices 2

例に倣って，文章を完成させてみましょう．

例 Mon fils a échoué à l'examen d'entrée à l'Université. Je suis furieux. → Je suis furieux <u>que</u> mon fils <u>ait échoué</u> à l'examen d'entrée à l'Université.

1) Mon amie Nicole a raté son train. Je suis désolée.
2) Ma fille a été reçue au Conservatoire de musique. Je suis content.
3) Mon mari a enfin obtenu son permis de conduire. Je suis ravie.
4) Mes enfants ont reçu un prix de dessin à l'école. Je suis heureux.
5) Mon ami Paul n'a pas complètement réussi l'examen. Je suis embêtée.

je suis content(e) que ~	réussir (à) l'examen
〜してうれしい	試験に通る
je suis triste que ~	échouer à l'examen
〜して寂しい	試験に落ちる
je suis ravi(e) que ~	obtenir son permis de conduire
〜して喜んでいる	運転免許を取る
je suis heureux(se) que ~	rater son train
〜をうれしく思う	電車に乗りそこなう
je suis furieux(se) que ~	recevoir un prix
〜でひどく怒っている	賞をもらう
je suis désolé(e) que ~	être reçu(e) au Conservatoire de Musique
〜が残念だ	音楽学校に入学する

Activités 2　A-81

CD を聞いて動詞を適切な形にして入れてみましょう.

1) Je suis contente qu'elle (penser) à acheter un cadeau pour mon frère.
2) Nous sommes tristes que vous (ne pas pouvoir) participer à cette réunion familiale.
3) Elle est ravie que vous (être) contacté par son amie.
4) Ils sont désolés que le train (avoir) du retard.
5) Tu es furieux que ton ami (ne pas te téléphoner).

Exercices 3

動詞 devoir の直説法現在形の活用を入れてみましょう.

doivent, devons, doit, dois, devez

1) Tu _____ être content de partir en vacances au Maroc.
2) Nous _____ aller chez nos amis ce soir.
3) Vous _____ réussir à l'examen.
4) Elle _____ se faire couper les cheveux.
5) Ils _____ nous téléphoner avant de venir.

言葉のツボ 11　autre: les uns et les autres

　　autre という言葉はよく聞くけど使いにくい，つかみ所のない言葉のように思っている人が多いようです．ここで少し整理しておきましょう．

　　まず不定形容詞として「別の〜」の意味で使われる場合，不特定なものをさす時には不定冠詞がついた形で表現されます．

　　　C'est un autre problème. C'est une autre question.
　　　「それは別の問題だ．」

　　その他のものが複数ならば d'autres 〜という形になりますが，これは複数名詞の前に形容詞がついた時に不定冠詞の des が de になるという法則のためです．

　　2つのうちのもう1つ，という時には l'autre côté, l'autre rive など定冠詞がついた l'autre 〜という形になります．2つに分けて残りすべてをひっくるめる時には les autres 〜と複数形になります．

　　autre はまた不定代名詞として他人や他方を示すことができます．一般的に「他者」という時には les autres が使われますが，他の二人，三人と言いたい時には les deux autres, les trois autres と言う事ができます．

　　代名動詞を使って「お互いに〜し合う」という時には l'un l'autre という形が基本ですが，女性同士の場合には l'une l'autre となりますし，それぞれが複数同士になると les uns les autres, les unes les autres となります．また動詞によっては間に前置詞を必要とする場合もあります．違いを確認してください．

　　　Marie et Paul s'aiment l'un l'autre.
　　　「マリーとポールは互いに愛し合っている．」
　　　Marie et Anne se parlent l'une à l'autre.
　　　「マリーとアンヌはお互い話し合っている．」
　　　Ces joueurs de foot s'observent les uns les autres.
　　　「このサッカー選手らは互いににらみ合っている．」
　　　Ces quatres sœurs s'écrivent les unes aux autres.
　　　「この四姉妹はお互いに手紙の交換をしている．」

　　autre の使い方はまだまだ「他にも」いろいろあるので，目にした時に辞書で確認しておくと良いでしょう．

情報コラム 11　食事の作法 • Le savoir-vivre à table

　食事の場での作法は国や文化によってさまざまですが，基本的なコンセプトはお互いに気持ちよく，おいしく食べるということですね．食事を共にする相手を不快にさせないためには，お互いに相手の風習を尊重しなければなりません．例えば日本ではうどんやそばなどの麺類は音を立ててすすっても構いませんが，西洋諸国ではスパゲッティをすすったり，スープを音を立てて飲むととても嫌がられる事は良く知られていますね．食事中にたててはいけない音はほぼ万国共通ですが，特に鼻をすする音はとても嫌われますので，風邪をひいていて鼻水がでそうな時は席を立ってレストルームで鼻をかんでから食事をつづけてください．

　フランス料理は entrée, plat principal, dessert と食べる順番がだいたい決まっているので，１つの料理を食べ終わってから次の料理に手をつけるのが普通です．日本食のようにお味噌汁を一口飲んでからお魚をひと口，おひたしをひと口，またお味噌汁という食べ方はしません．レストランなどでも，一皿食べ終えてからでないと次のお料理を運んできてくれないので気をつけましょう．

　また，私たちはお味噌汁を飲む時やお茶漬けを食べる時に，食器に直接口をつけますが，西洋諸国では必ずカトラリーを使って食材を口に運びます．フォークは右手に持ち替えても構いませんし，突き刺すだけでなく，ひっくり返してくぼみの部分を利用してスプーンのように使うこともできます．でもフォークの背に食材を乗せる事はしません．

　一般的な慣習ですが，ホームパーティなどで，ワインなどの飲み物をサーブしたり，お肉を切り分けたりするのは主に男性の役目です．レストランでは女性が壁際の席に着き，男性が通路側というのが基本です．スマートにエスコートしたい，されたい場合は基本のマナーを少し知っておくと役に立ちます．

4-3　Fuki demande conseil à Sophie

フキちゃんはソフィに相談する

目標　アドバイスをする．意見や印象を述べる．

A-82

Sophie invite Fuki à dîner chez elle.

Fuki : Bonsoir Sophie.
Sophie : Bonsoir Fuki. Entre, je t'en prie.
Fuki : Tiens, c'est pour toi.
Sophie : Merci. Des chocolats, c'est très gentil. **Viens, installe-toi.** ①
Fuki : Tu as un joli appartement ! Ça fait longtemps que tu habites ici ?
Sophie : Ça fait bientôt trois ans.
Fuki : J'ai quelque chose à te raconter.
Sophie : D'accord mais avant on se met à table. Qu'est-ce qui se passe ?

Fuki : Je crois que je suis amoureuse de Julien mais en ce moment je n'ai pas envie de le voir.

Sophie : Ah bon, mais pourquoi ?

Fuki : **J'ai l'impression qu'il est jaloux de Michel.** ②
Il m'a interdit de le voir.

Sophie : Eh bien, lui aussi est amoureux de toi.

Fuki : Tu crois !

Sophie : Bien sûr. À vos amours !① Et bon appétit.②

Fuki : Bon appétit.

使える一言 A-83

① À vos amours ! :「おめでとう，うまく行きますように！」
À vos souhaits ! くしゃみをした人に向かって言う言葉です．仲良しの人には À tes souhaits ! になりますね．

② Bon appétit. : 日本語の「いただきます」とは異なり，「たくさん召し上がれ」というニュアンスなので，食べる人に向かって言う言葉です．お互いに言い合って食べ始めてください．

大切な表現 1

Viens, installe-toi.

① 代名動詞の命令形

命令法は英語と同様，主語を省いて動詞のみで表現するのが普通ですが，代名動詞のように目的語と連動している動詞は，命令法の場合でももちろん，目的語は省かれません．ただし，肯定形の場合は普通の語順ではなく，目的語が動詞のあとに置かれることになるので，倒置された目的語は trait d'union でつながれます．

例　Tu t'installes → Installe-toi → Ne t'installe pas

4-3 Fuki demande conseil à Sophie

また，倒置されることによって文末に来ることになる目的格の te は強勢形の toi に変わるので気をつけましょう．普通の他動詞の肯定命令形で動詞の後ろに置かれる目的語の me が moi になるのと同様ですね．

Exercices 1

A) 次の文章を Tu に対する命令法の肯定形にしてみましょう．
B) 次の文章を Vous に対する命令法の肯定形にしてみましょう．
 1) Se mettre à l'aise（楽にする）et donner ta (votre) veste.
 2) S'asseoir（座る）sur cette chaise et se servir à boire（自分で飲み物を取る）.
 3) S'installer dans（座る）le fauteuil en cuir, je vais préparer le café.

C) 次の文章を Tu に対する命令法の否定形にしてみましょう．
D) 次の文章を Vous に対する命令法の否定形にしてみましょう．

 1) S'asseoir sur cette chaise, c'est la chaise du chat.
 2) Se servir à manger tout de suite, c'est très chaud.
 3) Se mettre à l'aise maintenant, nous allons sortir dans dix minutes.

A) 1)＿＿＿＿＿＿＿＿＿＿＿＿＿＿＿ B) 1)＿＿＿＿＿＿＿＿＿＿＿＿＿＿＿
  2)＿＿＿＿＿＿＿＿＿＿＿＿＿＿＿   2)＿＿＿＿＿＿＿＿＿＿＿＿＿＿＿
  3)＿＿＿＿＿＿＿＿＿＿＿＿＿＿＿   3)＿＿＿＿＿＿＿＿＿＿＿＿＿＿＿

C) 1)＿＿＿＿＿＿＿＿＿＿＿＿＿＿＿ D) 1)＿＿＿＿＿＿＿＿＿＿＿＿＿＿＿
  2)＿＿＿＿＿＿＿＿＿＿＿＿＿＿＿   2)＿＿＿＿＿＿＿＿＿＿＿＿＿＿＿
  3)＿＿＿＿＿＿＿＿＿＿＿＿＿＿＿   3)＿＿＿＿＿＿＿＿＿＿＿＿＿＿＿

大切な表現 2

J'ai l'impression qu'il est jaloux de Michel.

2 直説法をともなう接続詞句

　前の課では接続法を導く接続詞句をいくつか学びました．この課では必ず直説法をともなう動詞句を見ていきましょう．constater, observer, remarquer など事実を確認したり，認識したりする動詞の後の que の節は直説法で表現されます．

　また penser, croire や imaginer という動詞は肯定形で使われる場合，que で導かれる節は事実に近いというニュアンスで直説法が用いられますが，否定になった場合は逆に信じたくないという心理から接続法が用いられることになります．

例　Je pense qu'il a raison.　　　　　「私は彼が正しいと思う．」
　　Je ne pense pas qu'il ait raison.　「私は彼が正しくないと思う．」

Je pense que 〜　〜だと考える	ただし，
Je crois que 〜　〜だと思う	
J'imagine que 〜　〜と想像する	Je ne pense pas que
Je constate que 〜　〜と確認する	Je ne crois pas que ｜ + 接続法
J'ai l'impression que 〜　〜のような印象をもつ	Je n'imagine pas que
J'observe que 〜　〜と気付く，認識する	
Je déclare que 〜　〜だと断言する，はっきり言う	+ 直説法
Je remarque que 〜　〜だと認める，注目する	
Il est clair que 〜　という事は明らかだ	
Il est évident que 〜　という事は明白だ	
Il est sûr que 〜　〜だと確信している	
Il est certain que 〜　〜という事は確実だ	

Exercices 2

適切な形(直説法単純未来形か接続法現在)を選んで文章を完成させてみましょう.

1) Je pense qu'il (faire) mauvais temps demain mais je ne pense pas qu'il (pleuvoir).
2) Je crois que je suis enrhumée mais je ne crois pas que ce (être) nécessaire de voir un médecin.
3) J'imagine que ma sœur (aimer) ce pull mais je n'imagine pas qu'elle (aimer) ce pantalon.
4) Je crois que les enfants (prendre) un gâteau mais je ne crois pas qu'ils (pouvoir) prendre aussi un jus de fruit.

BOITE A OUTILS CD を聞いて発音してみましょう. A-84

l'immeuble ビル, マンション	le mobilier 家具
les escaliers 階段	le salon 居間, 客間
l'ascenseur エレベーター	le divan 長椅子, ソファ
le palier 踊り場	la cuisine 台所
l'étage 階	la chaise 椅子
les boîtes aux lettres メールボックス	le fauteuil 肘掛椅子
l'appartement 集合住宅	la table テーブル

Exercices 3

接続法現在あるいは直説法現在を使って文章を完成させてください.

Fuki arrive devant l'immeuble de Sophie. Elle trouve le nom de Sophie sur les boîtes aux lettres et elle constate que l'appartement de Sophie (être) au troisième étage. Elle remarque tout de suite que l'ascenseur (être) en panne. Il faut qu'elle (prendre) les escaliers. Quand elle arrive sur le palier du troisième étage, elle a l'impression qu'elle ne (pouvoir) pas aller plus haut. Elle est contente que ce (être) enfin le troisième étage.

Activités 1 A-85

CD を聞いて接続法現在あるいは直説法現在または単純未来を使って文章を完成させてください.

Dans l'appartement de Sophie, il n'y a pas beaucoup de mobilier. Dans le salon, il y a un vieux divan et un fauteuil en cuir, dans la cuisine une petite table et deux chaises. Mais cet appartement est très accueillant et calme. Il est clair que Sophie (aimer) vivre ici et (apprécier) cet appartement. Maintenant je suis certaine qu'elle (avoir) un joli vase, la prochaine fois, il vaudrait mieux que je lui (offrir) des fleurs plutôt que des chocolats. Je crois que mon idée lui (plaire) !

Exercices d'écoute 3

🎧 A-86

1. [ʒ] と [ʃ] の音に注意して，j あるいは ch を入れて次の文を完成させましょう．

   1) Sa vie est son _____oix et aussi sa _____oie.
   2) La _____eunesse se _____erche.
   3) Il a fait une _____ute de cheval et il s'est blessé à la _____oue.
   4) Il _____oue souvent de son _____arme.
   5) Ce _____iot _____appe depuis bientôt une heure.

🎧 A-87

2. [ʒ] と [ʃ] の音に注意して，聞こえてくる単語を入れましょう．

   bouche/bouge   hache/âge   chêne/gêne   champs/gens
   cache/cage

   1) Il n'a pas eu le temps d'ouvrir la (   ).
   2) À son (   ) il utilise encore une (   ) pour couper du bois.
   3) Cette armoire est en (   )massif.
   4) On voit des (   ) à perte de vue.
   5) Cet oiseau se (   ) dans sa (   ).

言葉のツボ 12　　penser のさまざまな使い方

　penser という動詞は que という節を導く形だけでなく，de, à という前置詞をともなった使い方もあります．penser de ～は「何かについて意見をもつ」という意味になり，penser à は「何かのこと，または誰かのことを考える」という意味になります．例えば，Que pensez-vous de la situation actuelle de notre pays ?「我が国の現状についてどう思われますか？」というふうに意見を求める時などに使えます．また，Je pense à toi, というと，「あなたのことを想ってるわ．」という意味になります．この場合，考える対象の人を表す時は必ず à +［人称代名詞の強勢形］になり，人称代名詞目的格補語は使わないので注意してください．また，何かについて考える時は中性代名詞 y で受ける事になります．

　　例) Je pense à Fuki. → Je pense à elle. × Je lui pense.
　　　Je pense à l'examen d'anglais. → J'y pense.

情報コラム 12　　手みやげ　Cadeaux lors d'une visite

　フランス人はよくお友達を自宅に呼んで une fête（パーティ）をしますが，フランス人の家庭にお食事によばれた時，何をもって行けばいいのでしょうか．ごく親しい人の場合は直接何をもっていけばいいか聞くのが一番ですが，そうでない場合，最も適切な手みやげは des fleurs（お花）でしょう．その家の女主人に対して感謝と敬意を表して，un bouquet de fleurs（花束）を進呈します．また，一般的には une bouteille de vin（ワイン）や une boîte de chocolats（チョコレート）も喜ばれます．ワインの好みがわからなければ une bouteille de champagne（シャンパン）か un bordeaux rouge（ボルドーの赤）が無難なところでしょう．チョコレートは un chocolatier（チョコレート屋さん）で売っている少し高級な生チョコや des truffes（トリュフ）などが贈答品としてよく使われます．贈り物をする時には，日本語でも「ほんのつまらないものですが」と謙遜しますね．フランス語でも Ce n'est qu'un petit cadeau. という言い方があります．また，贈り物をいただく時には「そんなお気遣いなく…．」と返しますが，フランス語でも やはり，Il ne fallait pas... などと言いながら受け取るのが礼儀ですので，ただ単にお礼を言うだけでなく，こうした表現をいくつか覚えておくと便利です．例えば C'est très (trop) gentil. C'est très aimable de votre part. C'est très aimable à vous. などがあります．

第五章　Réconciliation ●和 解

5-1　Fuki se réconcilie avec Julien
フキちゃんとジュリアンが仲直りをする

目標　丁寧に話す．現在分詞を使う．

B-1

Julien attend Fuki devant l'école.

Julien : Salut Fuki.

Fuki : Ah, Julien. Bonjour. Je ne m'attendais pas à te voir. Qu'est-ce que tu fais là ?

Julien : Eh, bien. Je voudrais m'excuser pour l'autre jour. Tiens, c'est pour toi.

Fuki : Merci. Elles sont très jolies ces roses. Je vais aller les poser chez moi.

Julien : Je peux t'accompagner un bout de chemin ?①

Fuki : J'ai beaucoup pensé à toi, tu sais. J'aimerais bien qu'on ne se dispute plus.

Julien : **Ça te dirait d'aller dîner ce soir pour fêter notre réconciliation ?** ①

Fuki : C'est une bonne idée mais on pourrait aussi dîner chez moi, si tu veux.

Julien : Avec plaisir ! Tu as besoin de quelque chose pour le dîner ?

Fuki : Non, ça va. **Mais en rentrant, on devra s'arrêter pour acheter quelque chose à boire.** ②

使える一言　B-2

① un bout de chemin... :「ちょっとそこまで行く」un bout はここでは「端っこ，先」という意味．また少量というニュアンスで，un bout de pain「1 切れのパン」などにも使えます．

大切な表現 1

Ça te dirait d'aller dîner ce soir pour fêter notre réconciliation ?

① 条件法現在

　条件法は，仮定的な表現だけでなく，遠回しに忠告したり，少しへりくだってお願いしたい時，または確実でない情報を伝えたい時に役に立つ形です．

　「〜が欲しい」という自分の要求を表現する場合，親しい人に対してであれば，Je veux... とダイレクトに気持ちを伝えても構いませんが，知らない人に対して，または敬語を使って丁寧に話したい時には，フキちゃんが第 1 章の 1 課で，アイスクリーム屋さんで注文をする時に使った Je voudrais... という表現の方が適切です．これは vouloir という動詞の条件法現在という時制の活用形です．ここでのジュリアンとフキちゃんのように，たとえ親しい人との間でも，多少遠慮しながらものを

言う方がいい場合が時々ありますが，そういう時にとても便利です．直説法現在形と対比しながらニュアンスの違いを見てみましょう．

Pourriez-vous ouvrir la porte, s'il vous plaît ? (pouvoir du conditionnel présent 〈条件法現在〉)

「申し訳ありませんが，ドアを開けていただけませんでしょうか．」

Pouvez-vous ouvrir la porte, s'il vous plaît ? (pouvoir de l'indicatif présent 〈直説法現在〉)

「ドアを開けていただけますか．」

On pourrait aller au concert ce soir, qu'en penses-tu ? (pouvoir du conditionnel présent 〈条件法現在〉)

「今晩コンサートに行くって言うのはどうかなあ，どう思う？」

On va aller au concert ce soir, ça te va ? (aller du futur proche 〈近接未来〉)

「今晩コンサートに行こうよ，いいかな？」

Dans cet accident de voitures, il y aurait plusieurs bléssés. (avoir du conditionnel présent 〈条件法現在〉)

「この自動車事故で何人ものけが人が出ている模様．」

Dans cet accident de voitures, il y a plusieurs bléssés. (avoir de l'indicatif présent 〈直説法現在〉)

「この自動車事故で何人ものけが人が出ている．」

（活用）

条件法現在の活用は単純未来形の語幹に半過去の語尾をつけたものなので，新たに覚えることはなく，組み合わせに気をつけるだけです．

avoir	être	aimer	vouloir
j' aurais	je serais	j' aimerais	je voudrais
tu aurais	tu serais	tu aimerais	tu voudrais
il aurait	il serait	il aimerait	il voudrait
elle aurait	elle serait	elle aimerait	elle voudrait
nous aurions	nous serions	nous aimerions	nous voudrions
vous auriez	vous seriez	vous aimeriez	vous voudriez
ils auraient	ils seraient	ils aimeraient	ils voudraient
elles auraient	elles seraient	elles aimeraient	elles voudraient

BOITE A OUTILS　CDを聞いて発音してみましょう．　B-3

丁寧な頼み方	
Je voudrais	〜をお願いします，〜を下さい．
Je voudrais un renseignement.	ちょっと教えていただけませんか？
Je pourrais ....?	〜させていただけますか？
Je pourrais parler à Monsieur ......?	〜さんとお話できますでしょうか？
Pourriez-vous m'aider ?	すみません，手伝っていただけませんか？
アドバイスする	
Tu devrais	〜する方がいいですよ．
Vous devriez prendre des vitamines.	ビタミンを飲んだ方がいいですよ．
願望を表す	
J'aimerais	〜したい，〜できればいいね！

第五章　5-1 Fuki se réconcilie avec Julien

111

Activités 1 B-4

CDを聞いて文章を完成させてみましょう．

1) .... un kilo de tomates et une laitue, s'il vous plaît.
2) .... avoir le menu, s'il vous plaît ?
3) .... conduire plus lentement.
4) .... essayer ce nouveau médicament.
5) .... parler couramment espagnol.
6) Monsieur, ... m'aider à porter mes bagages, s'il vous plaît ?
7) .... aller Place de la Concorde, ... m'indiquer le chemin s'il vous plaît ?
8) .... venir avec nous demain ? Nous allons visiter l'Église Sainte Catherine.

Si + 半過去 + 条件法　　想定
Au cas où + 条件法　　推測

次に条件法を使った推測や仮定的な表現を見てみましょう．

　現在の事実の逆を想定して，仮定的な事柄を述べる場合，「もし～ならば」という事実の反対側を Si + imparfait 半過去で提示して，その条件のもとで想定される出来事を条件法の現在で表します．例えば，今雨が降っているという現実があって，「雨が降っているので，出かけない」という事実をそのまま述べるのではなく，「もし晴れていれば，出かけるんだけどなあ…」と言いたい時は S'il faisait beau, je sortirais. となります．3-3で出てきた si on + 半過去の構文を思い出してくださいね．

　また，「起こるかどうかわからないけれど，もしそういう場合には」と言いたい時には au cas où の後に条件法を用いて条件を提示します．例えば，「私がいない時には秘書に伝言を残してください．」という場合は次のようになります．Au cas où je ne <u>serais</u> pas là, laissez un message à la secrétaire.

Exercices 1

次の質問に答えてみましょう.

1) Si vous aviez beaucoup d'argent, que feriez-vous ?
   Si j'avais beaucoup d'argent, (acheter un bateau et faire le tour du monde).

2) Si vous pouviez habiter à l'étranger, où iriez-vous ?
   Si je pouvais habiter à l'étranger, (aller au Vénézuela).

3) Au cas où vous gagneriez au Loto, que feriez-vous ?
   Si je gagnais au Loto, (le dire à ma famille).

4) Si vous aviez un animal, que prendriez-vous ?
   Si j'avais un animal, (prendre un chien).

5) Au cas où vous auriez des enfants, combien en auriez-vous ?
   Si j'avais des enfants, (avoir deux enfants).

大切な表現 2

Mais en rentrant, on devra s'arrêter pour acheter quelque chose à boire.

2 現在分詞, ジェロンディフ

en + 現在分詞 の形をジェロンディフといいます.フランス語の時制には進行形という時制がないのですが,ジェロンディフを使って進行形のニュアンスを伝えたり,また理由や条件,様態,譲歩などを表す事ができます.形は英語の分詞構文に似ていますが,ジェロンディフはむしろ口語表現でよく使われます.まず,現在分詞の形を見てみましょう.

直説法現在形の nous の活用から ons をはずして ant に換えるだけです.すべての動詞の現在分詞はすべて ant で終わります.例 aller → nous allons → allant
ただし être はこの法則が適用できないので ét が語幹になります.また avoir, savoir の語幹は命令法を使います.

〔活用〕

être:	étant	aller:	allant
avoir:	ayant	manger:	mangeant
savoir:	sachant	finir:	finissant

ジェロンディフの主語は通常主節の主語と同じです．またジェロンディフの前にtout をつけることによって，行為の対立性や時間的な継続の意味合いを強調する事ができます．

Exercices 2

文の意味を考えながらかっこの動詞をジェロンディフにしましょう．

1) Il s'est cassé la jambe (en tomber) de sa moto.
2) (En aller) chez Sophie, je me suis égarée et (en demander) mon chemin, je suis enfin arrivée chez elle.
3) Tout (en pleurer), il nous a dit qu'il allait partir demain pour l'étranger.
4) (En travailler) plus, nous aurons fini notre travail plus tôt.
5) Tout (en regarder) la télévision, il mangeait un fruit.

Activités 2 B-5

CD を聞いて現在分詞，またはジェロンディフを使って文章を言い換えましょう．

1) Comme j'étais en retard à mon travail, j'ai pris un taxi.
2) Comme j'ai mal lu la notice, je n'ai pas pu utiliser mon appareil photo tout de suite.
3) Comme je ne savais pas où le trouver, j'ai téléphoné à ses parents.
4) Quand il l'a vue, il lui a fait signe de la main.
5) Quand elle prenait son café, elle fumait une cigarette.

言葉のツボ 13　　お礼の表現 ● Remerciements

　お礼を言う時とお礼に答える時に使う表現を表にまとめています．ここには簡単な表現から改まった例まで，基本的によく使われているものをあげてあるので，状況を判断して使ってみましょう．

　フランスではどこでも Merci と言えば相手は笑顔で答えてくれます．Merci あるいは Merci beaucoup を「御馳走様でした」などの代わりに使いましょう．

B-6

Remercier お礼を言う
Merci !　　Merci beaucoup!
Vous êtes (tu es) très gentil(le) !
C'est vraiment très aimable de votre part.
Je ne sais pas comment vous remercier.
Répondre aux remerciements お礼に答える
Il n'y a pas de quoi !　　De rien.
Ce n'est rien.　　Je vous en (t'en) prie.
C'est vraiment peu de chose.

情報コラム 13　　週末の過ごし方 ● Le week-end des Français

　6-3 の情報コラム 17 にあるように，フランス人はヴァカンスをとても大切にしていますが，では普段はどのように余暇を楽しんでいるのでしょう．フランスでは一週間の労働時間の上限は原則として 35 時間に制定されているので，たいがいの勤労者は週休 2 日を確保する事ができます．長期休暇のために余分な出費は抑えたいという人が多いので，普段の週末は映画や展覧会に出かけたり，自宅に友人を呼び合うことが多いようです．またフランスでは家族との時間を大切にするために夕食は自宅でとるのが普通で，仕事帰りに同僚と飲みに行くという事はほとんどありません．

　フランス人にとって週末は le déjeuner en famille（家族との食事を楽しむ時間）(36%) であり，les moments passés avec les enfants ou les petits-enfants（子供や孫と一緒に過ごす時間）(35%)，les promenades à la campagne（お散歩）(30%) や les travaux ménagers, le bricolage, le jardinage（家の修繕や，日曜大工，庭いじりの時間）(21%)，または la grasse matinée（朝寝坊）ができる時 (19%) でもあるようです．

5-2 Fuki écrit à son professeur de français

フキちゃんはフランス語の先生におたよりをする

目標
過去の過去を語る．
関係詞 que, dont を使う．

B-7

Chère Madame,

Comment allez-vous ?

Je suis désolée de vous avoir laissée sans nouvelles si longtemps. Dans ma dernière lettre, je vous avais dit que j'ai fait la connaissance de [1] Julien, un garçon français. Il y a quelques jours, nous avons dîné chez moi pour la deuxième fois. La première fois, **j'avais préparé un pot-au-feu japonais** [1] (nikujaga) et cette fois-ci **j'ai cuisiné un plat dont Sophie mon amie française m'avait donné la recette.** [2] Je m'entends très bien avec Julien et grâce à [2] lui, je découvre beaucoup de choses et mon séjour à Paris est de plus en plus enrichissant.

À très bientôt. Toutes mes amitiés.

Fuki

使える一言 B-8

① faire la connaissance de 〜:「〜(人)と知り合う」
初めて会った人に,Je suis très heureux(se) de faire votre connaissance.
「お目にかかれて嬉しいです」という意味で使えます.

② grâce à 〜:「〜のおかげで」

大切な表現 1

J'avais préparé un pot-au-feu japonais.

1 大過去

過去のある一時点よりも前に完了してしまったことを表現する,いわゆる過去の過去という時制が大過去です. 助動詞 être または avoir の半過去 + 過去分詞 という複合形で表されます.

(活用)

dîner	partir
j' avais dîné	j' étais parti(e)
tu avais dîné	tu étais parti(e)
il avait dîné	il était parti
elle avait dîné	elle était partie
nous avions dîné	nous étions parti(e)s
vous aviez dîné	vous étiez parti(e)(s)
ils avaient dîné	ils étaient partis
elles avaient dîné	elles étaient parties

BOITE A OUTILS CD を聞いて発音してみましょう. B-9

allumer l'ordinateur　コンピュータの電源を入れる
éteindre l'ordinateur　コンピュータの電源を切る
saisir un texte　データを入力する
imprimer un texte　データを印刷する
sauvegarder un texte　データを保存する
effacer un texte　データを消す
recevoir un mail　メールをもらう
recevoir un coup de fil　電話をもらう
recevoir la réponse　返事をもらう
recevoir un courrier　手紙をもらう
répondre par mail　メールで返信する
répondre par courrier　書面で返信する

Activités 1　B-10-11

例に倣って次の質問に答えてみましょう.

例　Michel a parlé à Fuki avant votre arrivée ?
　　Non, quand je suis arrivé(e), Michel n'avait pas *encore* parlé à Fuki.
　　Oui, quand je suis arrivé(e), Michel avait *déjà* parlé à Fuki.

1) Anne a allumé l'ordinateur avant votre arrivée ?
   Oui,

2) Il a imprimé le texte avant votre arrivée ?
   Non,

3) Ils ont éteint l'ordinateur avant votre arrivée ?
   Oui,

4) Elle a effacé le texte avant votre arrivée ?
   Non,

Exercices 1

大過去を使って文章を完成させてみましょう．

例 Quand je suis parti(e) en vacances, (faire les réservations d'hôtel). →
Quand je suis parti(e) en vacances, j'avais déjà fait les réservations d'hôtel.

1) Quand j'ai reçu son courrier, (répondre par mail). →
2) Quand j'ai reçu un coup de fil, (répondre par courrier). →
3) Quand j'ai reçu la réponse, (envoyer un courrier). →
4) Quand j'ai reçu un courrier de mes amis, (les revoir). →
5) Quand j'ai répondu à son invitation, (réserver une place dans le train). →

大切な表現 2

J'ai cuisiné un plat dont Sophie mon amie française m'avait donné la recette.

2 関係代名詞 que, dont

関係詞とは 2 つの文に共通する項目で文をつなぐパーツですが，従属する文のどの要素によって文をつなぐかによって使い分けます．que は直接目的格補語が共通項になっている場合に使われ，dont は de ＋ 名詞でつながれる時に使います．

例 Le musée est consacré à la peinture du XXème siècle.
「その美術館には 20 世紀絵画がたくさん収蔵されている．」

Fuki va visiter ce musée la semaine prochaine.
「フキは来週その美術館を訪ねるだろう．」

ce musée は va visiter の直接目的格補語なので，Le musée **que** Fuki va visiter la semaine prochaine est consacré à la peinture du XXème siècle. となります．

Tu devrais lire ce roman. 「この小説読んだ方がいいよ．」
L'auteur de ce roman a reçu le prix Nobel.
「この小説の作者はノーベル賞をもらってるんだ．」

ここでは de ce roman がつなぎの言葉になるので，Tu devrais lire ce roman **dont** l'auteur a reçu le prix Nobel. となります．フランス語では前置詞 de をそのままにして ce roman だけを取り出すことはできません．

関係詞 que を使う時に1つ気をつけなければならないことがあります．que で前の文につながれることによって，後ろの文の直接目的格補語が動詞よりも前に出てしまうことになりますが，その文が複合形の時制である場合，その直接目的格補語と過去分詞の性数一致を考えなければなりません．
例えば，

  La chambre est magnifique. 「この部屋はすばらしい．」
  Marc a loué une chambre. 「マークは部屋を借りた．」

という2つの文を結合させてみましょう．La chambre **que** Marc a loué<u>e</u> est magnifique. となります．この時に louer という動詞の直接目的格補語の la chambre が動詞よりも前に出る事になるので，louer の過去分詞が女性形になっています．
 Pierre a vu Marie を Pierre l'a vu<u>e</u> と置き換えた時と同じ法則です．この過去分詞と目的格補語の性数一致は直接目的格補語の場合にのみ起こるので，dont を使う時には考える必要はありません．

  Tu as rencontré une amie ?
   「女友達に会った？」
  Je t'ai parlé de cette amie l'autre jour.
   「こないだ君にあの女友達のこと話したよね．」

この2つの文をつなぐと Tu as rencontré l'amie **dont** je t'ai parlé l'autre jour ? となりますが，この時は ×dont je t'ai parlée とはなりません．

Exercices 2

que を使って文章を完成させてみましょう．

1) Le texte est très important. J'ai envoyé ce texte par mail.
2) La maison est vendue. Marie aime beaucoup cette maison.
3) La lettre est arrivée. J'ai envoyé cette lettre hier.
4) Le mot n'est pas utile. Il a effacé ce mot.
5) Le livre est passionnant. Tu m'as prêté ce livre.

Exercices 3

dont を使って文章を完成させてみましょう．

1) Tu devrais faire ce gâteau. La recette de ce gâteau est simple.
2) Tu devrais chanter cette chanson. L'air de cette chanson est facile.
3) Il faudrait regarder cette émission. Le concept de cette émission est intéressant.
4) Il faudrait lire ce journal. Les articles de ce journal sont enrichissants.
5) Tu devrais sauvegarder cette photo. Les couleurs de cette photo sont très belles.

Activités 2 B-12

CD を聞いて que あるいは dont を入れてみましょう．

1) J'ai effacé le texte .... j'avais sauvegardé hier.
2) Hier j'ai vu cette amie .... je t'avais déjà parlé.
3) J'ai reçu le paquet .... ma mère avait envoyé il y a trois jours.
4) J'ai vu le film .... mes amis avaient discuté pendant le repas.
5) J'ai lu le roman .... j'avais déjà entendu parlé.

言葉のツボ14　序数 ● Nombres ordinaux

　序数は基数詞と同様に名詞の前に置かれます．2番目以降は基本的に基数詞の後に **ième** をつけた形となりますが，「最初の」「1番目の」の場合だけ，**premier(ère)** となり，基数の場合と同様に男性形と女性形があります．2番目，3番目は **deuxième, troisième...** となります．

　2番目には **second(e)** という言い方もありますが，これは2番目がランクとして下がってきた場合に使います．また「最後の」は **dernier(ère)** となりますが，これには「最新の」という意味もありますので使い方に注意しましょう．

　例）Le dernier train pour Paris part à 23 heures 30.
　　　「パリ行き最終列車は23時30分発です．」
　　C'est le dernier film de Coline Serreau.
　　　「これはコリーヌ・セローの最新作だ．」

　また日付の場合に「ついたち」だけが **le premier** と序数になるのと同様に，王様は通常「ルイ14世」**Louis quatorze** のように基数詞で表現しますが，一代目は「フランソワ1世」**François premier** となります．また「21世紀」は **le vingt et unième siècle** となります．1がつく時には要注意ですね．

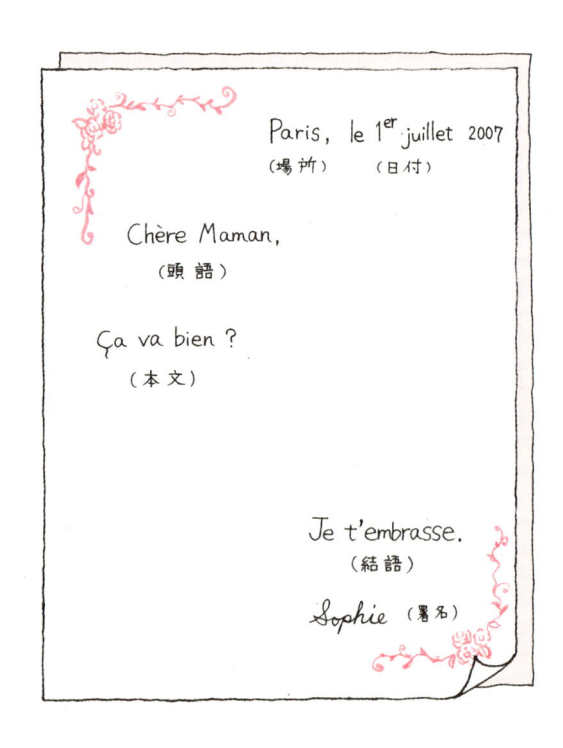

Paris, le 1er juillet 2007
　　　　（場所）　　　　（日付）

Chère Maman,
　（頭語）

Ça va bien ?
　（本文）

Je t'embrasse.
　　　（結語）

Sophie　（署名）

情報コラム 14　手紙・Le courrier

　手紙を書く時の挨拶の表現を見てみましょう．日本語の手紙と同様に，相手との関係によって頭語と結語は変わります．基本的な表現を表にまとめました．友達，親友，恋人，家族，先生という分け方をしてあります．

	頭　語	結　語
友達に	Cher Julien, Chère Fuki,	Amicalement. Amitiés. Bien à toi. Bien à vous.
親友に	Mon cher Julien, Ma très chère Fuki,	Je t'embrasse. Bises. Bisous.
恋人に	Mon chéri, Ma chérie, Mon Julien chéri, Ma Fuki chérie, Mon amour,	Je t'embrasse (très) fort, Je t'aime,
家族に	Cher Père, Cher Papa, Chère Mère, Chère Maman,	親友や恋人に対して使う表現と同じ言葉を家族にも使います．
先生や目上の人ご夫婦に	Cher Monsieur, Chère Madame, Chers Monsieur et Madame Tanaka,	Toutes mes amitiés. Recevez, Monsieur, l'expression de mes remerciements. Veuillez agréer mes salutations distinguées.

5-3 La réconciliation de Michel et Julien

ミシェルとジュリアンが仲直りする

目標 過去のことを後悔する．関係詞 **où**, **qui** を使う．

B-13

Michel et Julien se croisent au Club de sport.

Michel : Julien, Julien ! **Tu aurais pu me dire que tu venais aujourd'hui.** ①

Julien : **Je ne savais pas où te trouver alors je ne t'ai pas contacté.** ②

Michel : Pourtant ce n'est pas difficile, en dehors des① cours je suis ici ou à la Fnac.

Julien : Aujourd'hui j'ai envie d'être seul…

Michel : Ah bon, il y a quelque chose qui ne va pas ?

Julien : N'en parlons plus.

Michel : C'est à cause de ② Fuki ? Sophie m'en a un peu parlé !

Julien : Sophie t'en a parlé ?

Michel : Oui, on sort ensemble depuis quelque temps.

Julien : Ça c'est une bonne nouvelle, tu aurais dû m'en glisser un mot plus tôt !

使える一言　B-14

① en dehors de :「〜以外に」hors-d'œuvre の hors と同様に dehors は「外，外部」という意味．en dehors「それ以外に」．

② à cause de 〜 :「〜が原因で，〜のせいで」．5-2 の grâce à 〜は良い因果関係を示しますが à cause de 〜はニュートラルからよくない因果関係を示します．

大切な表現 1
Tu aurais pu me dire que tu venais aujourd'hui.

1 条件法過去

条件法の過去は複合の形

　être, avoir の条件法現在の形を助動詞として，過去分詞を加えたものが条件法過去の形です．条件法現在が，現在の事実の反転を表していたのに対し，過去は過去に起こってしまった事の反転を表現します．またこの例文のように，条件法過去は単独で，ああしておけばよかった，とかこうすべきだったのにという後悔や他者に対する非難の気持ちを表す事もできます．

> Quand je suis arrivé à Bastille, le spectacle avait déjà commencé. J'aurais dû prendre un taxi.
> 「バスティーユに着いたら演目は既に始まってたんだ．タクシーに乗っとけばよかったなあ．」

過去の事実を反転させる条件節には $\boxed{\text{Si + plus que parfait 大過去}}$ の形を用います．

> S'il avait fait beau ce week-end, on serait partis pour la mer.
> 「もし今週末晴れてたら海に行ったんだけど…」（事実は晴れてなかったので行かなかった）

（活用）

dîner	partir
j' aurais dîné	je serais parti(e)
tu aurais dîné	tu serais parti(e)
il aurait dîné	il serait parti
elle aurait dîné	elle serait partie
nous aurions dîné	nous serions parti(e)s
vous auriez dîné	vous seriez parti(e)(s)
ils auraient dîné	ils seraient partis
elles auraient dîné	elles seraient parties

BOITE A OUTILS　CD を聞いて発音してみましょう．　B-15

un(e) journaliste　新聞記者　　écrire des articles de journaux
　　　　　　　　　　　　　　　　　新聞記事を書く

un écrivain　作家　　　　　　　écrire des romans, des nouvelles
une femme écrivain　女流作家　　小説，短編を書く

un acteur　俳優　　　　　　　　travailler au théâtre, au cinéma, à la
une actrice　女優　　　　　　　　télévision
un danseur　ダンサー（男）　　　　劇場，映画，テレビ関係の仕事をする
une danseuse　ダンサー（女）

un traducteur　翻訳家（男）　　　traduire des livres du japonais au français
une traductrice　翻訳家（女）　　　日本語からフランス語に翻訳する
un(e) interprète　通訳者

un musicien　音楽家（男）　　　　jouer d'un instrument de musique
une musicienne　音楽家（女）　　　楽器を弾く
　　　　　　　　　　　　　　　　　jouer du piano　ピアノを弾く

un chef d'entreprise (P.D.G.)　社長　　être à la tête d'une entreprise
une femme chef d'entreprise (P.D.G.)　　会社のトップにいる
　女性社長

Exercices 1

1) 次の文章を条件法過去にしましょう．
2) 次に主語を vous で書き換えてみましょう．
3) さらに日本語に訳してみましょう．

　Je (vouloir être) une actrice de théâtre. Je (travailler) au théâtre mais je (aussi tourner) des films de temps en temps pour la télévision. Je (devenir) assez célèbre alors je (rencontrer) des stars du monde du spectacle. Je (avoir) une vie agréable mais agitée. Finalement je (peut-être vouloir) avoir une vie plus simple…

Activités 1 B-16-17

CD を聞いて大過去の節の後に条件法過去を使ってみましょう．

例　Si j'étais devenu un traducteur de romans, (traduire) du russe au japonais.
　→ Si j'étais devenu un traducteur de romans, j'aurais traduit du russe au japonais.

1) Si j'avais été un bon musicien, (apprendre à jouer) du piano et de la guitare.
2) S'il avait suivi les cours de danse de l'Opéra de Paris, (devenir) un meilleur danseur.
3) Si elle m'avait écouté, elle (réussir) comme journaliste.
4) Si nous nous étions séparés plus tôt, (être moins fatigués).
5) Si tu avais étudié plus sérieusement, (pouvoir devenir) interprète de conférences.

大切な表現 2

Je ne savais pas où te trouver alors je ne t'ai pas contacté.

2 関係代名詞 où, qui

関係詞の où は場所や時間の状況補語句を受けます．英語では where, when と使い分けますが，フランス語ではどちらも où を使います．

例　Je me souviens du café. Nous nous sommes rencontrés dans ce café.
「僕はあのカフェ覚えてるよ．」「あそこで僕達は出会ったんだね．」

→ Je me souviens du café où nous nous sommes rencontrés.
「僕は僕達が出会ったあのカフェを覚えてるよ．」

Je me souviens du jour. Nous nous sommes rencontrés ce jour-là.
「僕はあの日を覚えてる．」「僕達はあの日に出会ったんだ．」

→ Je me souviens du jour où nous nous sommes rencontrés.
「僕は僕達が出会ったあの日を覚えてるよ．」

関係詞の qui は従属節の主語で 2 つの文が結びつく時に使います．

Vous connaissez Monsieur Suzuki ? Monsieur Suzuki est médecin.
「鈴木さんをご存知ですか？」「鈴木さんはお医者さんなんですが．」

→ Vous connaissez Monsieur Suzuki qui est médecin ?
「お医者さんの鈴木さんをご存知ですか？」

Exercices 2

où を使って 2 つの文章を 1 つにしてみましょう．

1) Le musée du Louvre est un grand musée. Dans ce musée, il y a beaucoup de peintures célèbres.
2) New-York est une belle ville. À New-York, il y a la statue de la Liberté.
3) C'est la photo de l'école. Dans cette école, j'ai appris à danser.

4) Il pleuvait le dimanche. Je me suis mariée ce jour-là. (Mariage pluvieux, mariage heureux !)

Exercices 3

先の例に倣って qui を使って 2 つの文章を 1 つにしてみましょう．

1) C'est une lettre. Cette lettre vient de Fukuoka.
2) C'est un roman. Ce roman a été écrit par Marguerite Yourcenar.
3) C'est ma mère. Ma mère est assise près de la fenêtre.
4) C'est Nicolas. Nicolas joue de la guitare.

Activités 2   B-18

CD を聞いて où あるいは qui を入れましょう．

1) New-York est une belle ville (　　　) j'aurais aimé habiter.
2) Dans ce magasin, on trouve de bonnes chaussures (　　　) viennent d'Italie.
3) Grenoble est une petite ville provinciale (　　　) Stendhal est né.
4) Il a travaillé longtemps dans cette entreprise (　　　) fabrique des ordinateurs.
5) Tu te souviens du jour (　　　) nous avons dîné au bord d'un lac ?

Exercices d'écoute 4

B-19

1. [s] と [ʃ] の音に注意して s あるいは ch を入れて次の文を完成させましょう．

   1) On a ca＿＿é ce vase et on l'a ca＿＿é à nos parents.
   2) Dans ce ＿＿ant guerrier, on parle beaucoup de ＿＿ang.
   3) Il fait trop ＿＿aud pour porter ces ＿＿eaux d'eau.
   4) C'est un bon ＿＿oix, cette écharpe en ＿＿oie.
   5) Demain il va ＿＿ez ＿＿es parents.

🅒 B-20

2. [ʒ] と [z] の音に注意して，聞こえてくる単語を入れましょう．

gel/zèle   geste/zeste   case/cage   Asie/agi   oser/loger

1) Ce monsieur manque vraiment de (　　　).
2) Il fait beaucoup de (　　　) en parlant.
3) Il n'y a pas de place dans sa (　　　) pour une (　　　).
4) J'aimerais voyager en (　　　) plus souvent.
5) À Paris, ce n'est pas facile de se (　　　).

言葉のツボ 15　パソコン用語 ● Autour de l'ordinateur

　日本語でもパソコン用語はカタカナが多くて大変ですが，フランス語でも同様で，英語の表現をそのままフランス語化したものが多くあります．たとえば un CDRom (CDROM), un DVDRom (DVDROM), un scanner などはそのままフランス語風の発音をすれば通じます．ただし，コンピュータそのものは un ordinateur ですし，マウスは une souris, プリンタは une imprimante, キーボードは un clavier, ディスプレイは un écran, テンキーは un pavé numérique, USB メモリースティックは une clé USB です．

　そして，画面上では，デスクトップは le bureau, ハードディスクは le disque dur, ファイルは le fichier, パスワードは le mot de passe となります．

　名詞だけでなく動詞も少し覚えておくと便利ですね．コンピュータを立ち上げる démarrer, 再起動する redémarrer, スリープするのは，suspendre l'activité, 強制終了する forcer à quitter, 電源を切る éteindre, ログオフする fermer la session, 書類を作る時には，すべてを選択する tout sélectionner, コピーする copier, カットする couper, 貼付ける coller となります．また，ソフトをインストールする installer un logiciel, ゴミ箱を空にする vider la corbeille (la poubelle) というのもよく使う表現かもしれませんね．

　インターネット (l'internet) 関連では，サイトは le site, お気に入りは un signet (元々は本の栞の意味です), 履歴は l'historique, E メールは un courriel もしくは un e-mail で，受信する relever, 返送する répondre, 再送する réexpedier, 受信箱 une boîte à lettres, 迷惑メールを消去する effacer des courriers indésirables, 添付ファイル une pièce jointe などを知っておくと便利ですね．

情報コラム 15　　フランス人の趣味 ● Les passe-temps des Français

　4-3の情報コラム12でも取り上げたように，le jardinage（ガーデニング）やle bricolage（日曜大工）はとても盛んです．10人のうち9人のフランス人が，必要や楽しみから日曜大工をしていますし，60%のフランス人が庭いじりを楽しんでいます．la musique（音楽）やle dessin（絵画），la photographie（写真）などアーティスティックな趣味もだんだん増えています．4割の家庭に何らかの楽器があり，9割の家庭にカメラがあります．14%のフランス人が絵画をたしなみ，23%のフランス人がdes timbres（切手）やdes cartes postales（絵はがき）などのla collection（収集）をしています．

　les sports（スポーツ）も盛んで，フランス人男性の3分の2，女性の半分が何かスポーツをしていて，le club sportif（フィットネスクラブ）に通う人も年々増えています．le football（サッカー）やle tennis（テニス），le cyclisme（サイクリング）などは観戦だけでなく国民的に人気があるスポーツです．でもフランス人に最も人気のあるスポーツは実はla marche（ウォーキング）です．特にla randonnée（山歩き）は一番人気で，その次がla natation（水泳），le patinage artistique（フィギュアスケート）と続き，テニスとサッカーは第4位と5位にきています．日本で人気のあるle baseball（野球）はあまり人気がなく，最も人気がないスポーツはle beach-soccer（ビーチサッカー）だそうです．

（参考 www: montagnes.com, Francoscopie 2003）

第六章　　　　　　　　　　Le départ ●出発

6-1　Fuki et Julien passent un week-end en Normandie

フキちゃんとジュリアンは週末をノルマンディで過ごす

目標　関係詞を極める．
何かをしてもらう時の表現を学ぶ．

B-21

Fuki ：　Bonjour Julien. Tu as bien dormi ?

Julien ：　J'ai dormi comme un ange(cf.2-2) et toi ?

Fuki ：　Moi aussi, j'ai très bien dormi.

Julien ：　Qu'est-ce que tu veux faire aujourd'hui ?

Fuki ：　**Je voudrais aller voir l'église dans laquelle tes parents se sont mariés.** [1]

Julien ：　Allons-y.[1] Ensuite on déjeunera sur le port de Honfleur.

132

(Sur le port de Honfleur.)

Fuki : Qu'est-ce que c'est ces bateaux ?

Julien : Ce sont des bateaux avec lesquels on pêche dans les parcs à moules.

Fuki : Je n'ai jamais mangé de moules. C'est bon ?

Julien : Oui, moi j'aime bien ça. **Si cela peut te faire plaisir** ②, on en mangera au dîner.

Fuki : J'ai hâte d'être② au dîner.

使える一言　B-22

① Allons-y :「行きましょう！」どこに行くか具体的に言わなくてもいいので便利です．On y va ! とも言えますね．

② avoir hâte de + 動詞の原形 :「早く…したいと思う」

大切な表現 1

Je voudrais aller voir l'église dans laquelle tes parents se sont mariés.

① 複合の関係詞 laquelle, avec lesquels...

　フランス語の関係詞には前章で学んだ qui, que, dont, où 以外に前置詞と組み合わせた複合の形をもつ関係詞があります．元になる語は「どれ？」という意味で疑問詞として使っている lequel です．lequel は疑問形容詞の quel の前に定冠詞がくっついた形ですが，quel と同様，指し示す名詞の性数によって laquelle, lesquels, lesquelles と 4 つの変化があります．関係詞として使う場合も同様に，先行詞の性数によって形を変えます．

pour dans avec sur	laquelle lesquelles	lequel lesquels

例 1　J'habite un petit appartement. <u>Dans ce petit appartement</u>, il n'y a pas de salle de bain.

「私は小さなアパートに住んでいます。」「この小さなアパートには, お風呂場はありません。」

J'habite un petit appartement <u>dans lequel</u> il n'y a pas de salle de bain.

「私はお風呂場のない小さなアパートに住んでいます。」

ここでは前置詞 dans の後の名詞が 男性単数形の ce petit appartement なので, これを受けて dans lequel をつなぎの関係詞と考えます。

この場合は où で置き換えることも可能です。

J'habite un petit appartement <u>où</u> il n'y a pas de salle de bain.

例 2　Je pars en vacances <u>avec des amis</u>. Ils sont japonais.

「私は友達とヴァカンスに出かけます。」「彼らは日本人です。」

Les amis <u>avec lesquels</u> je pars en vacances sont japonais.

「私が一緒にヴァカンスに出かける友達は日本人です。」

この場合には avec qui の形も使われます。

Les amis <u>avec qui</u> je pars en vacances sont japonais.

また, 疑問詞の lequel の場合でもそうですが, 前置詞の à と de と一緒に使われる場合は縮約が起こって以下のような形になります。

auquel auxquels	à laquelle auxquelles	duquel desquels	de laquelle desquelles

例1　Je parle <u>à un ami</u>. L'ami est de longue date.
　　　　「私は友達と話しています．その友人は昔からの友達です．」
　　　<u>L'ami auquel</u> je parle est un ami de longue date.
　　　　「私が話している友達は昔からの友達です．」

先行詞が人の場合は à qui が使われる事が多くあります.
　　　<u>L'ami à qui</u> je parle est un ami de longue date.

例2　Je suis tombé en bas de ces escaliers. Ce sont les escaliers.
　　　　「私はこの階段の下で転びました．これがその階段です．」
　　　Ce sont les escaliers en bas desquels je suis tombé.
　　　　「これが私がその下で転んだ階段です．」

BOITE A OUTILS　CD を聞いて発音してみましょう．　B-23

le port　港
le port de plaisance　ヨットハーバー
le bateau　船
le voilier　ヨット
le quai　波止場
la péniche　川船
la navigation　航海
la plage　海岸
la mer　海
la rivière　川

l'océan　大海
le fleuve　大きな川

amarrer　船をつなぐ
entrer au port　入港する
sortir du port　出港する
donner sur le port　港に面している
naviguer　航行する

Exercices 1

必要な関係詞を入れましょう．

1) La maison dans .... j'habite donne sur le port.
2) Le port dans .... il amarre son bateau est très grand.
3) Le quai sur .... je me promène est à l'entrée du port.
4) Le voilier pour .... j'ai acheté de nouvelles voiles est dans le port de plaisance.
5) L'ami avec .... je navigue a une grande expérience de la mer.

Exercices 2

必要な関係詞を入れましょう．

1) La péniche .... je pense est amarrée sur la Seine.
2) Le club de voilier .... j'appartiens est un club connu.
3) Les personnes .... j'ai téléphoné seront présentes sur le bateau.
4) Les enfants .... tu as appris la navigation ont été très sages.
5) L'ami .... j'ai proposé de venir est en retard.

Exercices 3

下の語句を語句を参考にして必要な関係詞を入れましょう．

en bas de ～の下で	en face de ～の正面に
en haut de ～の上で	près de ～の近くに
à côté de ～のそばに	au bord de ～のほとりに

1) C'est la plage près .... j'aime m'asseoir en été.
2) C'est la rivière au bord .... je me promène tous les jours.
3) Ce sont les fleuves en face .... on va construire une piscine.
4) Ce sont les rivières près .... on a installé un barrage.
5) C'est l'océan à côté .... je voudrais vivre plus tard.

Activités 1　B-24

聞こえてくる関係詞を入れましょう．

1) C'est la maison .... j'ai passé mes vacances.
2) C'est le groupe .... j'écoute souvent la musique.
3) Ce sont les lunettes .... je vais acheter un nouvel étui.
4) Ce sont les immeubles .... on va construire un jardin public.
5) C'est un appareil photo .... je vais faire de belles photos.

大切な表現 2

Si cela peut te faire plaisir,

2 faire の使い方

　本来は何かを作ったり，何かをしたりするという意味をもつ faire ですが，それ以外でよく使われる用法に，誰かに何らかの影響をもたらすという用法があります．ここの faire plaisir à ～ は直訳すれば「その事柄がその人に喜びを作る」，つまり「(人) を喜ばせる」という意味ですが，この場合の主語は通常人ではなく事物になります．

　また，faire には人が他者に影響を及ぼす使役的な用法もあり，「誰かに何かをさせる」「誰かに何かをしてもらう」という時に使えます．

例　Le professeur a fait venir ses étudiants dans son bureau après le cours.
　　「先生は授業の後で，学生を自分の研究室に来させました．」

　Pierre a fait corriger sa lettre par sa mère.
　　「ピエールは手紙をお母さんに添削してもらいました．」

実際，日常生活で誰かに何かしてもらうことはけっこうよくありますが，その場合，誰にしてもらうかはあまり大切ではなくて，むしろ何をしてもらうか，に話の焦点を当てたい時に se faire + 動詞の原形 というフォームを使います．たとえば美容院に行ったり，エステサロンに行った時にしてもらうことはすべてこの形で表現する事ができます．

Exercices 4

以下の語句を参考にして次の文章を完成させましょう．

> se faire habiller　服を着せてもらう
> se faire coiffer　髪の毛を整えてもらう
> se faire couper les cheveux　髪の毛を切ってもらう
> se faire faire les ongles　ネイルケアをしてもらう
> se faire maquiller　化粧をしてもらう
> se faire faire une beauté　エステケアをしてもらう

1) Demain matin, je vais ＿＿＿＿ ＿＿＿＿ coiffer et aussi ＿＿＿＿ ＿＿＿＿ maquiller pour le mariage de mon frère.
2) Cet après-midi, il va ＿＿＿＿ ＿＿＿＿ couper les cheveux et ＿＿＿＿ ＿＿＿＿ raser la barbe.
3) Nous ＿＿＿＿ ＿＿＿＿ habiller avant le début du concert.
4) Les enfants ! Vous devez ＿＿＿＿ faire ＿＿＿＿ les ongles avant d'aller jouer dans le sable.
5) Elles vont ＿＿＿＿ ＿＿＿＿ faire une beauté pour sortir ce soir.

Activités 2 B-25

聞こえてくる動詞を入れましょう．

1) Il aime _____ les cheveux courts en été.
2) Elle ne sort jamais sans _____ une beauté par sa coiffeuse.
3) Nous _____ de nouveaux habits pour la rentrée des classes.
4) Ils _____ des chaussures sur mesure.
5) Tu vas _____ en photo chez le photographe.

言葉のツボ 16　否定の表現 ● ne 〜 rien, ne 〜 jamais, ne 〜 personne...

　基本の否定の形は動詞を ne と pas で挟みますが，pas を他の語に置き換えることによって，ヴァリエーションがぐっと広がります．ここでは日常的によく使われる便利な否定表現をいくつか見てみましょう．

　例えば，pas を plus に変える事で「かつては〜だったけど，今は違う」という表現として使えます．Je ne suis pas étudiant. というと単に「今学生ではない」という情報しかもたらしませんが，Je ne suis plus étudiant. というと「かつては学生だったけど今は違う」という意味が伝わりますし，Je n'ai jamais été étudiant. というと「未だかつて学生だった事は一度もない」という意味になります．

　rien, personne はそれぞれ主語や目的語として否定文の中で，事物や人を含む否定語として使われます．

　例) Rien n'est arrivé. 「何も起こらなかった．」 Il n'y a rien dans le frigo. 「冷蔵庫の中には何もない．」 Personne n'est arrivé. 「誰も到着しなかった．」 Il n'y a personne dans cette salle. 「この部屋には誰もいない．」

また aucun は名詞を修飾して「いかなる～もない」という言い方になりますが，女性名詞にかかる時には aucune となるので注意が必要です．

例) Il ne lit aucun journal, aucune bande dessinée.
「彼はどんな新聞もどんなマンガも読まない．」

あれやこれやいろいろ否定したい時には ne ni, ni という表現が使えます．

例) Je n'ai ni frères ni sœurs.
「僕は一人っ子なんだ．（＝兄弟も姉妹もいない）」

さらに否定のように見えますが，意味としては否定でなく，「～しかない」という意味の ne ～ que も覚えておくと便利な表現です．

例) Je n'ai que toi.「僕には君しかいないんだ．」

いろいろ使ってみてくださいね．

情報コラム 16　　恋愛について　De l'amour !

　フランス映画などを見ていると，フランス人の恋愛観はとても自由であるような印象を受けますね．日本では恋愛は結婚相手を見つけるまでの過渡的な段階の事象ととらえられがちですが，フランスの場合は必ずしもそうではなくて，人生において常に必要な大切な感情として受け止められているようです．フランソワ・オゾン François Ozon の映画『8人の女たち』*Huit femmes* の中でファニー・アルダン Fanny Ardant が〈À quoi sert de vivre libre quand on vit sans amour ?〉と歌っていますが，フランスでは愛のない人生は不毛だと考える人が多く，いつも，いくつになっても誰かを愛していたい，愛されていたいと思っているようです．恋愛に対する意識の違いももちろんありますが，恋愛適齢期がかなり短い日本人と異なり，フランス人は生涯恋愛現役生活を目指しているのかもしれませんね．

6-2 Julien envoie un e-mail à sa sœur

ジュリアンはお姉さんにメールを送る

目標 強調して話す．人の話を伝える．

B-26

Merci pour ton e-mail.

Est-ce que tu es encore enrhumée ? ①

Je viens de rentrer de Honfleur. J'ai passé le week-end avec ma copine japonaise.

Elle est à Paris depuis cinq mois pour étudier le français. Un jour où je travaillais chez Berthillon, elle est venue acheter une glace. **Tu ne vas pas me croire mais c'est elle qui m'a dragué.** [1]

Au début, j'étais un peu confus. **Elle m'a dit qu'elle avait eu le coup de foudre pour moi.** [2] Comme elle va bientôt repartir pour le Japon, je voudrais te la présenter avant son retour le plus vite possible.

Dis-moi quand tu seras libre.

À plus. ② Je t'embrasse.

Julien

> 使える一言　🎧 B-27

① être enrhumé(e)：「風邪をひいている」という状態．「風邪をひいた」という時は J'ai attrapé un rhume.
② À plus.：「それじゃね．またあとでね」，という親しい人同士で使う表現．

大切な表現 1

**Tu ne vas pas me croire
mais c'est elle qui m'a dragué.**

1 強調構文 C'est que, C'est qui

動詞以外の文のある部分を強調したい時，その部分を C'est que，または C'est qui で挟みます．主語を強調したい時は C'est ～ qui，それ以外の要素は C'est ～ que を使います．

　　例　J'ai parlé à mes parents de mon mariage hier.
　　　　「私は昨日私の結婚のことを両親に話しました．」

1) 主語の強調．人称代名詞は強勢形を使います．

　　C'est |moi| qui ai parlé à mes parents de mon mariage hier.
　　「昨日両親に私の結婚のことを話したのは私です．」

2) 目的語の強調．前置詞をともなうものは前置詞ごと強調します．

　　C'est |à mes parents| que j'ai parlé de mon mariage hier.
　　「昨日私が私の結婚のことを話したのは両親にです．」

　複合形の場合，直接目的語と過去分詞との一致にも注意してください．

　　Cf. C'est |la fiancée de mon collègue| que j'ai vue hier.
　　「僕が昨日会ったのは同僚の婚約者だ．」

3) 状況補語の強調

　　C'est |hier| que j'ai parlé à mes parents de mon mariage.
　　「私が私の結婚のことを両親に話したのは昨日です．」

Le temps	avant-hier 一昨日, hier 昨日, aujourd'hui 今日, demain 明日, après- demain あさって, le lendemain 翌日, le surlendemain 翌々日, la veille 前日
	le matin 朝, l'après-midi 午後, le soir 晚, ce matin 今朝, cet après-midi 今日の午後, ce soir 今晩
Les semaines	la semaine d'avant 前の週, la semaine dernière 先週, cette semaine 今週, la semaine prochaine 来週, la semaine d'après 次の週
Les mois	le mois d'avant 前の月, le mois dernier 先月, ce mois-ci 今月, le mois prochain 来月, le mois d'après 次の月
Les années	l'année d'avant 前の年, l'année dernière 去年, cette année 今年, l'année prochaine 来年, l'année d'après 次の年

Exercices 1

例に倣って主語の強調を使って文章を変えてみましょう.

例 Nous sommes arrivés hier matin.
→ C'est nous qui sommes arrivés hier matin.

1) Tu vas en France l'année prochaine ?
2) Elles partent ce mois-ci en tournée ?
3) Il sera de retour demain après-midi ?
4) Je vais acheter un gâteau pour ton anniversaire la semaine prochaine.
5) Vous avez pris l'Eurostar l'année dernière ?

Exercices 2

下線分を強調して文章を変えてみましょう．

1) J'ai vu mes amis la semaine avant mon départ aux États-Unis.
2) La semaine d'après je suis allée voir le Grand Canyon.
3) J'ai écrit une lettre à mes parents avant-hier.
4) J'ai reçu un colis de France aujourd'hui.
5) Ce soir je vais manger le contenu du colis.

Activités 1 B-28

CD を聞いて C'est ... que, C'est ... qui あるいは Ce sont ... que を入れてみましょう．

1) .... ce matin .... je suis allée chez le médecin.
2) .... l'homme .... a fait le tour du Monde en solitaire l'année dernière.
3) .... le livre .... j'ai acheté avant-hier.
4) .... la dame .... est venue prendre rendez-vous cet après-midi.
5) .... les photos .... j'ai prises cette année.

大切な表現 2

Elle m'a dit qu'elle avait eu le coup de foudre pour moi.

2 直接話法・間接話法（現在・過去）

　誰かの発言を間接的に伝えたい時に使われるのが間接話法ですが，いくつかの決まりがあります．まず，伝えたい発言が，平叙文であるか，疑問文であるか，命令文であるかによって接続する語が異なります．

　平叙文の場合は que の後に他者の発言内容を置きます．

　例　Marie dit: « Je suis en retard. » → Marie dit qu'elle est en retard.

「マリーは『遅れちゃった』と言っています．」→「マリーは遅れたと言っています．」

疑問詞がない疑問文の場合は si を使いますが，冒頭に置かれる est-ce que は割愛され，倒置の疑問文の語順は通常にもどされます．

> 例　Est-ce que tu pars ? → Il demande si tu pars.
> 「出かけるの？」→「彼は君が出かけるかどうか訊ねています．」

疑問詞のある疑問文は普通は疑問詞をそのまま接続の語として使えます．

> 例　Où mangez-vous ? → Elle demande où vous mangez.
> 「どこで召し上がりますか？」→「彼女はあなたがどこで召し上がるか訊ねています．」
> Quand venez-vous ? → Il demande quand vous venez.
> 「いつおいでになりますか？」→「彼はあなたがいつおいでになるか訊ねています．」

ただし，qu'est-ce que , qu'est-ce qui はそれぞれ ce que, ce qui となります．

> 例　Qu'est-ce que vous aimez ? → Elle demande ce que vous aimez.
> 「あなたは何がお好きですか？」→「彼女はあなたがお好きなものを訊ねています．」
> Qu'est-ce qui t'arrive ? → Il demande ce qui t'arrive.
> 「どうしたの？」→「彼は君に何があったか訊ねてるよ．」

命令文は de + 動詞の不定法の形で表されます．

> 例　Buvez ! → Il lui dit de boire.
> 「飲んでください！」→「彼は彼女に飲むようにと言っています．」

間接的に伝えたい他者の発言が過去のものであった場合，主文との時制の一致や時間や場所などの状況補語の一致を考えなければなりません．たとえば，発言が行われた時の「今日」は伝えている日からみると「今日」ではなかったり，発言者の言う「ここ」は伝えている人からみれば「ここ」ではないこともあるからです．後ろの語彙欄で確認してください．また発言内容が現在形で語られている場合，間接話法では自動的に半過去で表され，複合過去は大過去になります．半過去は変化がありませんが，単純未来形は条件法現在に，前未来には条件法過去が用いられます．

現在形	⇒ 半過去
複合過去	⇒ 大過去
単純未来形	⇒ 条件法現在
前未来	⇒ 条件法過去
ただし 半過去	⇒ 半過去

例　Marie a dit: « Je suis en retard. » → Marie a dit qu'elle était en retard.

「マリーは『私，遅刻だわ.』と言いました.」→「マリーは遅刻していると言いました.」

Marie a dit: « J'ai mangé une glace. »
→ Marie a dit qu'elle avait mangé une glace.

「マリーは『私，アイスクリームを食べたの.』と言いました.」
→「マリーはアイスクリームを食べたと言いました.」

Marie a dit: « Je vais manger une glace. »
→ Marie a dit qu'elle allait manger une glace.

「マリーは『私，今から アイスクリームを食べるの.』と言いました.」
→「マリーはこれからアイスクリームを食べるのだと言いました.」

Marie a dit: « Je mangerai une glace. »
→ Marie a dit qu'elle mangerait une glace.

「マリーは『私，アイスクリームを食べると思うわ.』と言いました.」
→「マリーはアイスクリームを食べるだろうと言いました.」

Marie a dit: « J'aurai fini ma glace à 3 heures. »
→ Marie a dit qu'elle aurait fini sa glace à 3 heures.

「マリーは『私，3時にはアイスクリーム食べ終えちゃってると思うわ.』と言いました.」
→「マリーは3時にはアイスクリームを食べ終えているだろうと言いました.」

Marie a dit: « Je mangeais une glace tous les jours dans mon enfance. »
→ Marie a dit qu'elle mangeait une glace tous les jours dans son enfance.

「マリーは『私，子供の頃は毎日アイスクリームを食べてたの.』と言いました.」
→「マリーは子供の頃は毎日アイスクリームを食べていたと言いました.」

Exercices 3

例に倣って次の会話を間接話法を使って完成させてみましょう．

例　*Julien:* Qu'est-ce que tu fais pendant les vacances de Pâques ?
→ Julien demande à Fuki ce qu'elle fait pendant les vacances de Pâques.

Fuki: Je reste chez moi.
→ Fuki répond qu'elle reste chez elle.

1) *Julien:* Tu aimes la musique jazz ?
   Fuki:　J'aime beaucoup la musique jazz.

2) *Julien:* Où vas-tu écouter de la musique jazz ?
   Fuki:　Je vais au Bar Jazz de la rue Saint Antoine.

3) *Julien:* Est-ce qu'on peut y aller ensemble ?
   Fuki:　Bien sûr.

Exercices 4

例に倣って次の会話を間接話法を使って完成させてみましょう．

例　*Julien:* Qu'est-ce que tu as fait pendant les vacances de Pâques ?
→ Julien a demandé à Fuki ce qu'elle avait fait pendant les vacances de Pâques.

Fuki: Je suis restée chez moi.
→ Fuki a répondu qu'elle était restée chez elle.

1) *Julien:* Tu as vu Sophie pendant les vacances ?
   Fuki:　Nous sommes allées ensemble à un concert.

2) *Julien:* Quand êtes-vous allées au concert ?
   Fuki:　Nous y sommes allées dimanche.

3) *Julien:* Qu'est-ce que vous avez fait après ?
   Fuki:　Nous sommes rentrées.

Activités 2　B-29

CD を聞いて元の会話を復元してみましょう．

1) Le professeur a demandé son nom à l'étudiante.
2) L'étudiante a répondu Fumie Yamada.
3) Le professeur a demandé à l'étudiante où elle habitait.
4) L'étudiante a répondu à Kobe.
5) Le professeur a demandé à l'étudiante si elle travaillait.
6) L'étudiante a répondu qu'elle était employée de banque.

言葉のツボ 17　Coups

本文の中では coup de foudre という表現がありましたね．「一目惚れをする」という意味ですが，直訳すると「雷に打たれる」ということになります．

Coup は打つことですが，色々な表現の中で Coup という言葉は使われています．例えば Coup du lapin は「むち打ち症」という意味ですが，こうした表現の中で打つことと直接関わりのあるものもあればその意味から掛け離れたものもあります．

ここでいくつかの表現を紹介しますが，それぞれについて打たれた気分になるかどうかを考えてみてください．

B-30

à coup sûr	確実に	coup sur coup	相次いで
sur le coup	直ぐに		
après coup	後から	tout à coup	突然

また動詞と組み合わせた表現もたくさんありますのでどんどん使ってみましょう．

avoir un coup au cœur	心配する
avoir un coup dans l'aile	（話し言葉）酔っぱらう
donner un coup de fil	（話し言葉）電話をする
donner un coup de main	手を貸す
être dans le coup	（話し言葉）よく知っている
être hors du coup	よく知らない
faire d'une pierre deux coups	一石二鳥になる
faire les 400 cents coups	だらしない生活を送る
manquer son coup	失敗する
tirer un coup de chapeau	誉める
valoir le coup	価値がある

情報コラム 17　結婚について　Le mariage

　フランスで結婚するには，la publication des bans と呼ばれる結婚通知の公表をしなければなりません．les bans は結婚する二人のどちらかが居住している地区の，結婚の届け出がなされる予定の市役所に，二人が同じ地域に住んでいる場合には 20 日前から，異なる地域に住んでいる場合は 30 日前から受け付けられ，約 10 日間公示されます．les bans には二人の名前，職業，将来の住所，結婚が執り行われる場所が記されます．この間にその結婚に異議のある人は申し立てをすることができます．この制度は二重結婚や結婚詐欺を防ぐにはいい方法ですが，スターや有名人の場合は結婚が事前に公表されると社会的なトラブルを巻き起こしかねないので，そういう場合には les bans を出さなくてもいいことになっています．

　フランスにはいわゆる結婚式場はないので，市役所でサインをする le mariage civil か教会で式を行う le mariage religieux かのどちらかのスタイルになります．以前は le mariage religieux が大半でしたが，最近の比率は半々くらいになってきています．

　厚生労働省の「2003～2004 年 海外情勢報告」によると非婚化，晩婚化，高齢出産化，少子化という問題は日本とほぼ変わりません．結婚数は年々低下し，離婚率は高まっています．女性の就業率もまだ増加傾向が続いており，現実とのギャップはあるものの，結婚後，出産後も仕事を続けたいと考えている女性が大半です．

参考資料
『結婚の比較文化』東京女子大学女性研究所ほか編　勁草書房
Bienvenue sur Mariage fr. le site des futurs mariés

6-3 Départ de Fuki

フキちゃんの帰国

目標: 上手な受け答えをして正確なフランス語をめざす．

B-31

Julien accompagne en voiture Fuki à l'aéroport.

Fuki : La tour Eiffel est loin derrière nous maintenant !

Julien : **C'est dommage qu'on ne soit pas montés jusqu'au sommet.** [1]

Fuki : Oui, j'aurais aimé voir Paris avec toi du haut de la tour Eiffel.

Julien : La prochaine fois que tu viendras, on ira,① je te le promets.

Fuki : Mais tu viendras me voir avant à Kyoto, n'est-ce pas ?

Julien : Oui bien sûr. J'irai te voir l'été prochain.

Fuki : Quand tu seras là, on ira visiter des temples.

Julien : Oui, ce sera avec plaisir. **On peut y voir des statues de Bouddha ?** ②

Fuki : Dépêchons-nous mon avion va partir.

Julien : Ne t'en fais pas, nous sommes presque arrivés à l'aéroport.

Fuki : Nous y voilà.② N'oublie pas de m'écrire.

Julien : Toi non plus, n'oublie pas. Bon voyage.

使える一言　　B-32

① On ira. :「行こうね.」単純未来形を使う事でyなしで使えます.
② Nous y voilà. :「ほら，着いた.」

大切な表現 1

C'est dommage qu'on ne soit pas montés jusqu'au sommet.

1 時の前置詞: de 〜 à, il y a, depuis, pour, pendant, en, jusqu'à, à partir de

話をしている現在を基点に考えて，そこから「〜前」というさかのぼった過去のあるポイントを示すのが il y a です．英語の ago に近いですね．

J'ai commencé à étudier le français il y a un an.
「1年前にフランス語の勉強を始めました.」

depuis は何かが始まった過去の一時点またはそこから現在までの期間の長さの両方を示す事ができます．

J'étudie le français depuis un mois.「ひと月前からフランス語を勉強しています.」
J'étudie le français depuis avril. 「この4月からフランス語を勉強しています.」

いずれにしても過去の一時点からずっと今まで継続している表現に使います.

それに対して pour は今から未来へ続くであろう事の期間の長さを示します.

> Je compte étudier le français <u>pour</u> 3 mois dans cette école.
> 「私はこの学校で３ヶ月フランス語を勉強するつもりです。」

また，pour は未来の予定にしか使えませんが，pendant は英語の during のように一定の区切りのある期間の長さを示し，時制に関係なく使えます．

> Je compte étudier le français <u>pendant</u> ces vacances.
> 「この夏休みの間にはフランス語を勉強するつもりです。」
>
> J'ai étudié le français <u>pendant</u> ces vacances.
> 「私はこの夏休みにフランス語を勉強しました。」

en は一定期間内に，または一定期間をもちいて，というニュアンスです．

> J'ai fait ces exercices <u>en</u> une heure.
> 「この練習問題を１時間でやりました。」

jusqu'à は英語の til や until のように継続する行為の終了ポイントを示し，à partir de は開始のポイントを示します．

> Je travaille <u>à partir de</u> 9 heures <u>jusqu'à</u> 5 heures.
> Je travaille <u>de</u> 9 heures <u>à</u> 5 heures.
> 「私は９時から５時まで働いています。」

à partir de と jusqu'à は de, à で言い換える事もできます．ただし，de, à にはそれぞれ起点と終点という点を表す意味合いが強いので，à partir de と jusqu'à の組み合わせのように期間の長さの継続のニュアンスが薄れることになります．

Exercices 1

例に倣って前置詞を使って文章を完成させてみましょう．

例　J'habite à Paris <u>depuis</u> deux mois. J'ai déménagé <u>il y a</u> une semaine. Avant j'habitais un studio, mais maintenant j'habite un appartement avec une amie. Nous louons cet appartement <u>pour</u> deux ans.

<u>Pendant</u> le déménagement, j'ai perdu un kilo. J'ai fait les cartons pour le déménagement <u>en</u> trois jours.

1) Nous nous sommes rencontrés _____ six mois.
2) J'apprends le violon _____ quatre ans.
3) J'ai obtenu une bourse de recherches. J'habiterai en Chine _____ deux ans.
4) Je joue du violon tous les jours _____ une demi-heure.
5) J'ai réussi mon permis de conduire _____ une fois.

Activités 1 B-33

CDを聞いて jusqu'à あるいは à partir de を使って文章を完成させてみましょう．

1) Il y a des soldes à Takashimaya _____ 15 avril _____ 20 avril.
2) À Hokkaido, on peut faire du ski _____ mois de mai.
3) À Okinawa, on peut se baigner _____ mois de mars.
4) En France, l'année scolaire commence _____ mois de septembre.
5) En France, on travaille en général _____ l'âge de 60 ans.

大切な表現 2
On peut y voir des statues de Bouddha ?

2 中性代名詞 y, en, le

性数に関わらず，人以外の物や出来事を受けるので中性代名詞とよばれています．人称代名詞目的格補語と同様，関連する動詞の直前に置きます．

1) y
   a) 前置詞 à（または dans, chez, sur, en などde以外の場所の前置詞）＋場所を示す名詞

   Vous habitez à Paris ? — Oui, j'y habite depuis 1 an.
   「パリに住んでいらっしゃるんですか？」「はい，1年前から住んでいます．」

153

b) 前置詞 à + 事物を表す名詞

Tu as réussi à tes examens ? — Oui, j'y ai bien réussi.

「テストは上手く行ったの？」「うん、ちゃんとできたよ。」

2) **en**

a) 前置詞 de + 場所を示す名詞

Tu viens de Tokyo ? — Non, moi, je viens de Nagoya. — Ah bon, moi aussi, j'en viens.

「東京の出身なの？」「ううん、私は名古屋なの。」
「へえ、そうなんだ。僕もだよ。」

b) 不定冠詞、部分冠詞のついた名詞、数量表現のついた名詞が直接目的格補語となった場合。否定の冠詞の de も含む。*Cf.* 1-1

Vous voulez une boule ou deux boules ?
— J'en voudrais deux.

「シングルにしますか？ それともダブルにしますか？」
「ダブルでお願いします。」

Vous n'avez plus de baguettes ?
— Si, si, nous en avons encore une.

「もうバゲットはないんですか？」
「いえいえ、まだ1本ありますよ。」

c) de + 名詞、de をともなう形容詞や動詞などとともに用いられる。

Tu te souviens de notre première rencontre ?
— Malheureusement je ne m'en souviens pas très bien.

「僕たちの初めての出会い、憶えてる？」
「悪いんだけど、私あんまりよく憶えてないわ。」

Tu n'es pas contente de ce résultat ?
— Si, j'en suis bien contente.

「この結果に満足してないの？」
「そんなことないわ、大満足よ。」

3) **le**

   a) 属詞を受ける．

     Tu es fort en maths mais tu l'es moins en français.
     「君は数学はよくできるけど、フランス語はそれほどでもないね．」

   b) 直接目的格補語となる文，節，句，不定詞などを受ける．

     Il y a eu un cambriolage hier soir dans ce quartier. Vous le saviez ?
     「この界隈で昨日の夜泥棒があったんですよ，ご存知でしたか？」

Exercices 2

中性代名詞 y を使って質問に答えてみましょう．

1) Vous travaillez sur ce projet depuis le mois d'octobre ? (oui,)
2) Tu vas chez le coiffeur à trois heures ou à quatre heures ? (à quatre heures)
3) Qu'est-ce que tu vas mettre dans cette boîte ? (des bijoux)
4) Vous restez en Argentine une ou deux semaines ? (deux semaines)
5) Tu vas à la gare en taxi ou en bus ? (en bus)

Activités 2

質問を聞いて指示に従いながら中性代名詞 le を使って答えてみましょう．答えは CD (B-34) にあります．

1) Vous êtes fatigué ?（肯定）
2) Il est en colère ?（否定）
3) Elle est absente ?（肯定）
4) Nous sommes en retard ?（肯定）
5) Ils sont mécontents ?（否定）

言葉のツボ18　単位について　● une barquette de 〜, une livre de 〜...

　お店でものを買う時，どういう単位を使えばいいのか迷う事がありますね．たとえば液体のものはたいがい瓶に入っているので，une bouteille de 〜, deux bouteilles de 〜と言えますね．フランス語の bouteille は必ずしもガラスでなくても使えますので，ペットボトルの水や，日本ではあまり見かけませんが，プラスチックボトルの牛乳にももちろん使えます．タバコや，洗剤など紙箱入りのものは un paquet de cigarettes, un paquet de lessive です．une boîte de 〜は une boîte de chocolats のように化粧箱入りのものに使えますが，それだけでなく une boîte de sardines など缶詰にも使えます．缶ビールは une canette de bière または une bière en boîte です．

　légumes（野菜）や fruits（果物）など生鮮食品には基本的に 1kg 単位で価格がつけられています．1kg の半分は 500g と言わず普通は une livre を使います．livre は〈書籍〉と同じ音とスペルですが女性名詞なので気をつけましょう．250g を指す une demie livre もよく使われます．

　choux（キャベツ）や laitues（レタス）などの球ものは個売り une pièce のことが多いですが，persils（パセリ）などの herbes（ハーブ類）は un bouquet が単位として使われます．また cassis（カシス）や mûres（黒いちご）などのベリー類や champignons（キノコ）などは une barquette と言われる小さなかごに入れられて売られています．un sachet de bonbons（袋入りのキャンディ）も un sachet de thé（ティーバッグ1つ）も同じ sachet（小袋）という単位が使われます．

　また，ハムやお肉などを薄切りにしてもらう時には tranche(s) を使ってください．慣れるまではそれぞれがどれくらいの分量や個数になるのか見当がつきませんが，日本語の単位ほどは複雑ではないし，難しくないので楽しんで覚えてくださいね．

情報コラム 18　　休暇　Les vacances

　フランス人の生活にとってヴァカンスがとても大切なのは良く知られていますね．年間 5 週間の有給休暇をどう使うか，つまり，どこに行って何をして，どれくらいお金を使うかというヴァカンス計画がフランス人の生活の中心にあると言っても過言ではないほどです．リゾート白書によると最も基本となる国民 1 人あたりの年間宿泊数（2002 年）で見ると，日本が 3.9 泊であるのに対して，フランスは 15.8 泊となっており，私たちのヴァカンス感覚との違いは明らかですね．

　多くの人が，子供たちの学校が休みになる7月1日から，8月31日までの間に長期のヴァカンスをとるため，夏が近づくと皆，Tu vas où cet été ?「今年のヴァカンスはどこに行くの？」という話題が必ず出てきます．夏休みの前のお別れの挨拶は "Bonnes vacances !" ですが，la rentrée（秋の年度始め）には "C'était comment, tes vacances ?"「ヴァカンスはどうだった？」といったぐいの質問がお決まりの挨拶となります．

　最近の夏のヴァカンスの傾向としては，海外に出かけるのではなく，トレーラーカーを使った国内での le camping（キャンプ）がとても流行しているようです．フランス政府観光局が発行している観光白書によると，フランス国内の宿泊形態は，ベッド数で見るとキャンプが 15.7% で最も高く，2 位ホテルの 6.8% を大きく引き離しています．日本でもアウトドアは人気が高いですが，家族と一緒に自然と触れ合いながら，できるだけ余分なお金を使わずに長期でヴァカンスを楽しめるのがキャンプなのかもしれませんね．

　また冬には les vacances de Noël（クリスマス休暇）の後に子供たちには 1 月の末から 2 月にかけて les vacances de ski（スキー休み）が一週間あるので，約 3 割ほどのフランス人がそれに合わせてウインタースポーツをしに出かけています．

実践会話練習2　**Au retour des vacances** ヴァカンスのあとで　B-35-36

あなたは彼女とヴァカンスでモロッコにでかけました．帰ってきて写真を見ながら，旅の思い出話をしています．CDを聞きながら指示に従ってフランス語で答えてください．

あなた：「とっても楽しかったね．」((bien) 半過去を使って)
彼女：「そうね．写真はどこだっけ？」
　　　Ouais. Les photos sont où ?
あなた：「まだ現像してないよ．そろそろしないといけないね．(il faut que を使って) 今日はコンピュータで見る？」(sur l'ordinateur を使って)
彼女：「そうね．」
　　　Si tu veux.
あなた：「焼き増ししたい分には印をつけとかなきゃね．」(関係詞 que を使って)
彼女：「そうね．これは上手く撮れてないわね．」
　　　D'accord. Cette photo est un peu ratée.
あなた：「これは君が撮ったんじゃない？」(強調構文 C'est qui を使って)
彼女：「え〜，そうだったっけ？あなたじゃないの？」
　　　Ah bon, tu crois. Ce n'est pas toi ?
あなた：「いや，君だよ．君がこのモスクを撮りたいって言ったじゃない．」(Tu m'as dit que を使って)
彼女：「覚えてないわ．」
　　　Je ne m'en souviens pas.
あなた：「見て，ここの市場．ここでナツメヤシ (dattes) を買ったよね．」(où を使って)
彼女：「そうだったわね．」
　　　Ah oui, c'est vrai.
あなた：「もっと買っておけばよかったなあ．」(条件法過去を使って)
彼女：「そうね．残念ね．」
　　　Oui, c'est dommage.
あなた：「あの時，余裕があったら，あそこでティーセット (un service à thé) も買えたのになあ．」

（大過去，条件法過去，y を使って）

彼女： 「この旅行に満足してないの？」
Tu n'es pas content de notre voyage ?

あなた： 「そんなことないよ．とても満足だよ．」（中性代名詞を使って）

彼女： 「よかったわ．」
Tant mieux.

あなた： 「海辺で歩きながら僕が君に言ったこと，覚えてる？」
(ce que je t'ai dit, ジェロンディフを使って)

彼女： 「もちろんよ．」
Mais bien sûr.

Appendice 発音のコツ

[Appendice 1　無音の h と有音の h]

　フランス語には語源的に異なる 2 つの h があります．どちらの h も発音されない事には変りないのですが，有音の h (h aspiré) は，本来発音されていたはず，という感覚から，この h で始まる単語は母音で始まる語とはとらえられません．ですから，母音連結を避けるためのエリジオン，リエゾンなどの発音のシステムが適用されません．有音の h で始まる単語は，無音の h で始まる単語より数は少ないので，ひとつひとつチェックしながら覚えていきましょう．辞書で調べる時には，単語の前に小さな十字架マーク†がついているのが，有音の h で始まる単語です．身近な単語では，haricot,（インゲン豆）haut,（高い，高く）héros（英雄，主人公）hors-d'œuvre（オードブル，前菜）などがあります．また，本来発音されていたという経緯から，hi-fi, holding, hold-up, Halloween など，英語語源のものは基本的に有音の h として扱われます．

[Appendice 2　発音のシステム]

　1-1 でエリジオン élision のシステムを確認しましたが，フランス語には音を整えるためのシステムが大きく分けて 3 通りあります．ここでリエゾン liaison とアンシェヌマン enchaînement のシステムも一緒におさらいしておきましょう．

エリジオン élision

　エリジオンが生じるのは特定の文法用語の次に母音で始まる語，または無音の h で始まる語が続く場合に限られています．エリジオンを生じさせる語は次の 11 個です．

> **je, me, te, se, si, ne, que, de, ce, le, la**

　どれも一音節の語なので次の単語に吸収合併されやすいのかもしれませんね．気をつけたいのは si は s'il vous plaît　のように次が il(s) の時のみエリジオンが起こるという事，（Si elle était là などの時はエリジオンしません．）ce は c'est という主語として使われている場合のみエリジオンが起こります．指示形容詞男性単数形

の場合は cet という形になって母音衝突を回避します．（例．ce bateau, cet avion）また que を元とした派生語の場合 (puisque, jusque など) にもエリジオンが起こるので注意が必要です．エリジオンされてアポストロフで 2 語が合体した場合でも，元来は別々の 2 語なので，筆記体で書く時は全部続けて書くのではなく，アポストロフで一旦切ってから次の語を書くようにしましょう．

リエゾン liaison

　リエゾンは前の語の本来発音されない子音を次の母音と一緒に発音する連音のシステムです．フランス語には語末の子音は基本的に発音されないという決まりがありますが，その余っている子音を有効利用します．例えば，vous の s は普段は発音されませんが，その後に êtes, avez など，母音で始まる動詞が置かれる場合，その s を次の母音と合体して発音することによって，子音 + 母音の連結という安定した音の流れを作っていきます．この時に後ろの母音とともに発音される事になる s は透明な [s] の音ではなく [z] という有声音になる事も覚えておきましょう．また quand, grand など最後の d がリエゾンされて後ろの語とともに発音される場合は反対に [d] ではなく [t] の音になるので注意しましょう．

　フランス語はこのシステムのせいでスペルの切れ目と音の切れ目がずれることになるので，慣れるまでは違和感があるかもしれませんが，聞こえてきた音の固まりを頭の中でスペルとして綴り直すトレーニングをしておけば，ディクテなどの時にとても役に立ちます．

アンシェヌマン enchaînement

　エリジオンのようにスペル上の変化はありませんが，元々最後まで発音されている子音を次の母音につなげて発音するシステムです．語末の子音はほとんどの場合発音されませんが，c, f, l, r という 4 つの子音は発音される事がしばしばあります．これらの子音を次の母音につなげると，別々に発音するよりも全体の音が滑らかになりますね．たとえば il の l は発音されているのでこれを次の est とつなげるときれいに音が整いますね．avec elle などの場合も同様です．最後の子音まで発音されている語の次に母音で始まる語や無音の h で始まる語が続く時にはアンシェヌマンに注意しましょう．

実用フランス語技能検定試験，聞き取り問題，面接試験への対策

　財団法人フランス語教育振興会による実用フランス語技能検定試験は5級から1級までの7レベル（準1，準2を含む）に分かれています．

　準2級は2006年の春から設置されたレベルですが，2級と同様，二次試験に面接が行われます．2級よりも少し易しい日常的な会話の受け答えの能力が要求されています．

　面接は日本人とフランス人の二人の面接官が行います．緊張しがちでしょうが，できるだけリラックスした状態で，普通に会話を楽しむのだという気持ちで臨んでください．まず，挨拶や名前確認がありますから，できるだけ，面接官の顔を見ながら，にこやかにはきはきと対応しましょう．コミュニケーション能力は言語レベルだけでなく，表情や態度からも判定されます．もし，緊張しすぎて質問がわからなかったら，黙ってしまわないで，Pardon, encore une fois, s'il vous plaît. Je n'ai pas bien compris. などと，何か言って会話をつなげてください．聞かれた事にも一言 Oui, Non, と答えるだけでなく，何か付け加えるとポイントが上がります．たとえ少々間違っても積極的に会話を続けるという姿勢が評価されます．終わった時にも Merci, au revoir. を忘れずに．

　聞き取り問題は各級で行われていますが，テープを用いて行われます．
　聞き取りの問題数は準2級，2級ともに2題です．

　第一問は会話を聞いて，それに対する質問が5〜6題なされるので，その答えとして提示されている文の空欄に適切な言葉を入れる問題です．通常8カ所書き込む場所があります．聞こえてくる順序はまず，会話，次に質問，もう一度会話，その後質問が読まれます．ここで書き込む時間としてポーズが10秒あります．最後にもう一度会話を聞きます．

　第二問は二人の会話，または一人の話を聞いて，その後その内容に関して述べた文を10問聞き，それが内容に合っているかどうかを判断する問題です．こちらはまず2回続けて会話を聞きます．その後，その内容に関する文をやはり2回続けて聞きます．最後にもう一度会話を聞く，という順序です．

　それぞれ話題はさまざまで，日常的な会話であったり，インタビュー形式のものもあります．押さえるポイントとしては，第一問は問題用紙にあらかじめ用意され

ている答えの文をよく読んでおき，それぞれの空欄にどんな品詞が入りうるか考えておく事．また，時制，態，人称に注意して，形容詞や，動詞の過去分詞の性数一致をきっちり確認して書き込む事です．

第二問は聞こえてくる場所，時間などの情報をしっかりチェックして話の流れを把握しておく事．キーワードと思われる語彙をしっかり控えておく事です．どちらの問題も数字は必ず押さえておいてください．はじめに聞いた時わからない部分があっても落ち着いてあせらずに対応してください．全体を通して聞くと後で類推できることもよくあります．

聞き取り模擬問題の使い方
　準2級，2級レベルの面接問題をそれぞれ2題ずつ出してありますので，本番と同じ要領でCDを繰り返し聞いて，回答してみてください．

準2級面接模擬問題の使い方
　まず，CDで例題を聞いて，繰り返して練習して質問のパターンを把握してください．次に　À vous !　のところで指示に従ってポーズの間に答えてみてください．CDの次のトラックで解答例を聞いて確認してください．
　準2級の場合は，主に動詞の現在形がしっかり使えるかどうかがポイントになってきますので，主要な動詞の活用を確認しておきましょう．

2級面接模擬問題の使い方
　準2級と同様の手順で，まずCDで例題を聞いて，繰り返し練習して質問のパターンを把握してください．例題が4つありますが，例1では1つの問いに対して解答例を段階的にいくつか示していますので，少しずつ長く答える練習をしてみてください．また，1つの話題に対して発展的な質問がなされる場合を想定して，例2では現在形，例3では近接未来，例4では複合過去を使ったやりとりになっています．それぞれの例題に合わせた　À vous !　がありますので，指示に従ってポーズの間に答えてみてください．2級では1つの話題に対して様々な角度から発言ができれば高得点が望めます．CDの解答例を聞いて確認してください．
　また準2級，2級ともに　À vous !　のPの発言部分はディクテとしても使えますのでご活用ください．

準2級 聞き取り模擬問題 1

本文 B-37-38　問題 B-39

まず次のフィギュアスケート選手へのインタビューを聞いてください．次に，その内容に関する質問の答えを書き込んでください．1つの枠に1語とは限りません．

Interview d'une patineuse artistique.

1) C'est la médaille ....

2) .... par semaine.

3) En général, ...

4) Avec ....

5) Les ....

準2級 聞き取り模擬問題 2

本文 B-40-41　問題 B-42

次のギタリストの話を聞いて，続いてそれに関する10の説明を聞き，内容に合っているものに○，間違っているものに×をつけてください．

1)　　2)　　3)　　4)　　5)
6)　　7)　　8)　　9)　　10)

2級 聞き取り模擬問題 1

本文 B-43-44　問題 B-45

まず次の競馬の解説者とアナウンサーの会話を聞いてください．次に，その内容に関する質問の答えを書き込んでください．1つの枠に1語とは限りません．

1) Il était un peu ....

2) C'était son ....

3) Il a pensé que le jockey .... très bien .... sa monture mais qu'il .... un peu de chance dans cette course.

4) C'est le ....

5) Une carrière ....

2級 聞き取り模擬問題 2

本文 B-46-47　問題 B-48

次のモロッコ人の女流作家の話を聞いて，続いてそれに関する10の説明を聞き，内容に合っているものに○，間違っているものに×をつけてください．

1)　　2)　　3)　　4)　　5)

6)　　7)　　8)　　9)　　10)

準2級 面接対応問題　B-49

CDを聞いて練習してみましょう！

Professeur: Bonjour !
Etudiante: Bonjour !

P: Vous vous appelez comment ?
E: Je m'appelle Mari Nakagawa.

P: Vous avez quel âge ?
E: J'ai 20 ans.

P: Qu'est-ce que vous faites ?
E: Je suis étudiante.

P: Vous habitez où ?
E: J'habite à Kyoto.

P: Vous habitez seule ?
E: Non j'habite avec ma famille. Nous sommes quatre. (J'ai un frère. Lui aussi est étudiant.)

P: Vous étudiez le français depuis combien de temps ?
E: J'étudie le français depuis trois ans.

P: Je vous remercie !
E: Merci. Au revoir !
P: Au revoir !

À vous ! B-50

(　　) 内にある言葉を使って，例に倣って先生の質問に答えましょう．答えは CD (B-51) にあります．

P: Bonjour !
E: Bonjour !
P:
E: (Je m'appelle)

P:
E: (21 ans.)

P:
E: (étudiant(e))

P:
E: (Osaka)

P:
E: (seul(e). (Mes parents à Kanazawa)

P:
E: (depuis deux ans)

P:
E: (dans une boulangerie deux fois par semaine)

P: Je vous remercie !
E: Merci. Au revoir !
P: Au revoir !

2級 面接対応問題　🎧 B-52

CDを聞いて練習してみましょう！

例1：

P:　Bonjour !
E:　Bonjour !

P:　Quelle est votre saison préférée ?
E-1:　Ma saison préférée est l'été.
　　　〔réponse standard mais un peu courte !〕

E-2:　Ma saison préférée est l'été. Je trouve que l'été est une saison agréable.
　　　〔réponse plus complète, c'est déjà mieux !〕

E-3:　Ma saison préférée est l'été. Je trouve que l'été est une saison agréable parce qu'il fait beau et chaud.
　　　〔on peut faire encore mieux !〕

E-4:　Ma saison préférée est l'été. Je trouve que l'été est une saison agréable parce qu'il fait beau et chaud. J'aime aussi l'été parce que les jours sont plus longs.
　　　〔c'est suffisant〕

E-5:　Ma saison préférée est l'été. Je trouve que l'été est une saison agréable parce qu'il fait beau et chaud. J'aime aussi l'été parce que les jours sont plus longs. (et j'aime entendre les cigales (蝉) chanter.)
　　　(et j'aime faire des feux d'artifice (花火))
　　　〔c'est plus que suffisant !〕

P: Je vous remercie !
E: Merci. Au revoir !
P: Au revoir !

À vous ! B-53

（　）内にある言葉を使って，例に倣って先生の質問に答えましょう．答えは CD (B-54) にあります．

P: Bonjour !
E: Bonjour !

P:
E-1: (le okonomiyaki)

P:
E-2: (Je pense que) (un bon plat)

P:
E-3: (parce que) (complet)

P:
E-4: (J'aime aussi) (la sauce pour)

P:
E-5: (et j'aime aller manger des okonomiyaki de temps en temps avec des amis)

P: Je vous remercie !
E: Merci. Au revoir !
P: Au revoir !

例2： B-55

P: Bonjour !
E: Bonjour !

P: Qu'est-ce que vous faites le dimanche ?
E: Le dimanche, je vois des amis ou bien je reste à la maison.

P: Avec vos amis, qu'est-ce que vous faites ?
E: Avec mes amis, nous allons au cinéma et de temps en temps au restaurant.

P: Vous aimez le cinéma ?
E: Oui, j'aime beaucoup le cinéma surtout les films de science-fiction.

P: Vous allez souvent au cinéma ?
E: Oui, je vais souvent au cinéma. Je voudrais y aller encore plus souvent mais c'est un peu cher alors je loue des vidéos.

P: Je vous remercie !
E: Merci. Au revoir !
P: Au revoir !

À vous ! B-56

（　）内にある言葉を使って，例に倣って先生の質問に答えましょう．答えは CD（ B-57）にあります．

P: Bonjour !
E: Bonjour !

P:

E: (travailler dans un café tous les week-end)

P:
E: (aimer assez) (pouvoir rencontrer des gens) (et puis aussi gagner de l'argent)

P:
E: (le samedi de midi à 10 heures du soir et le dimanche de quatre heures à minuit)

P:
E: (si un peu mais se reposer le lundi)

P:
E: (non, pas de cours le lundi)

P: Je vous remercie !
E: Merci. Au revoir !
P: Au revoir !

例3： B-58
P: Bonjour !
E: Bonjour !

P: Qu'est-ce que vous allez faire après vos études ?
E: Après mes études, je vais travailler pour la télévision.

P: Pour quelle télévision allez-vous à travailler ?
E: Je vais travailler pour la télévision Abracadabra.

P: Qu'est-ce que vous allez faire comme travail à la télévision ?
E: Je ne sais pas encore mais j'aimerais travailler dans plusieurs

services.

P: Qu'est-ce qui vous intéresse le plus à la télévision ?
E: Ce qui m'intéresse le plus à la télévision est la publicité.
J'aime beaucoup la regarder mais je voudrais aussi créer des publicités.
Je trouve le monde de la publicité fascinant.

P: Je vous remercie !
E: Merci. Au revoir !
P: Au revoir !

À vous ! B-59

( )内にある言葉を使って，例に倣って先生の質問に答えましょう．答えはCD (B-60)にあります．

P: Bonjour !
E: Bonjour !

P:
E: (aller en France cet été)

P:
E: (aller à Paris et en Bretagne)

P:
E: (rester à Paris un mois pour étudier le français) (Après aller en Bretagne chez des amis pendant 10 jours)

P:
E: (non, la première fois que mais déjà à Paris)

P:
E: (l'année dernière pour la première fois)

P:
E: (Oui, une experience intéressante et enrichissante)

P: Je vous remercie !
E: Merci. Au revoir !
P: Au revoir !

例 4： B-61
P: Bonjour !
E: Bonjour !

P: Avez-vous déjà voyagé à l'étranger ?
E: Je suis allé(e) en Corée quand j'étais au lycée.

P: Avec qui y êtes-vous allé(e) ?
E: J'y suis allé(e) avec ma classe. C'était un voyage organisé par le lycée.

P: Combien de temps êtes-vous resté(e) en Corée ?
E: Nous sommes restés trois jours à Séoul.

P: Avez-vous aimé votre voyage ?
E: Oui, j'ai passé de très bons moments pendant ces trois jours. C'était un voyage amusant.

P: Aimez-vous la cuisine coréenne ?
E: J'aime bien mais la cuisine était un peu trop épicée.

P: Je vous remercie !
E: Merci. Au revoir !
P: Au revoir !

À vous ! B-62

(　) 内にある言葉を使って，例に倣って先生の質問に答えましょう。答えは CD (B-63) にあります。

P: Bonjour !
E: Bonjour !

P: Comment avez-vous passé le jour de l'An ?
E: (passer le jour de l'An avec ma famille))(manger des Toshikoshisoba et aller au sanctuaire de Ikuta avec ma famille)(Après rentrer me coucher)

P: Qu'est-ce que vous avez fait le lendemain ?
E: (se lever tard et manger la cuisine traditionnelle Osechi)(regarder la télévision)(parce que aimer beaucoup regarder les émissions du jour de l'An)
(Le soir sortir avec des amis et bien s'amuser)

P: Je vous remercie !
E: Merci. Au revoir !
P: Au revoir !

あとがき

　本書は，長い間日本語を学んでいるフランス人とフランス語を学んでいる日本人の，二人のフランス語教師によって作成されました．二つの言語の差異を実感してきたお互いの経験を通じて，日本語を母語とする学習者がフランス語を学ぶ際に，誤りやすい部分や，勘違いしやすい部分などを考慮して，それぞれの方々のもつコミュニケーション能力をより高めるお手伝いができるように工夫をしました．

　主にフランス語の部分はモレルが，日本語の部分は久田原が執筆していますが，全体を通じて二人の意見交換がなされずに作られた部分はありません．ですから本書の文責は著者二人にあります．

　本書の出版に関して，ご協力をいただいた多くの方々にこの場を借りてお礼を申し上げます．とりわけ，貴重な写真を提供してくださった，Ayako Hosoi, André Kara, Tiny Morel 各氏に，また我々が試行錯誤を繰り返している間，本書の草稿を読み，練習問題をこなし，さらに様々なアドヴァイスをしてくださった谷口友康さん，谷口史枝さん，高井佳世子さんに感謝の意を捧げます．

　また，辛抱強く我々の仕事を見守ってくださった駿河台出版社の上野名保子編集長，井田洋二社長にも厚くお礼を申し上げます．
　本書がフランス語を学習されている方々のお役に立つ事ができれば大変嬉しく思います．

たっぷり聞いてしっかり話せる！
― 自然なフランス語の上達法教えます
(CD2枚付)

久田原　泰子　著
セシル　モレル

2007. 10. 10　初版発行
2013. 4. 1　3刷発行

発行者　井　田　洋　二

発行所　〒 101-0062　東京都千代田区神田駿河台 3-7
　　　　電話 03 (3291) 1676　FAX 03 (3291) 1675
　　　　振替 00190-3-56669

株式会社　駿河台出版社

組版　Apple & Honey ／印刷・製本　三友印刷（株）

http://www.e-surugadai.com

ISBN978-4-411-00507-6　C1085

たっぷり聞いてしっかり話せる！ ―自然なフランス語の上達法教えます

Transcriptions des exercices et des activités

1-1 Au glacier Bertillon

Activités 1 (p.5) **A-5**

A) 1) Un chocolat chaud et une brioche, s'il vous plaît.
   2) Une glace, s'il vous plaît.
   3) Deux croissants et un coca, s'il vous plaît.
B) 1) Je voudrais une bière et un sandwich aux crudités.
   2) Je voudrais (On voudrait) deux infusions et deux croque-monsieur.
   3) Je voudrais un thé au lait et un sandwich au fromage.

☆ B)の2では，例えばフランス語を話さない同伴者の分も一緒に注文してあげる場合は，私たちみんなの分というニュアンスで主語を On に換える方が自然です．動詞の発音は変らないので覚えておくと便利ですね．B)の3で，フランスでは un thé とだけいうと普通は un thé nature（ストレートティ）が出てきます．ミルクティは紅茶にミルクが入ったものですから café au lait の応用ですぐわかりますね．レモンティは un thé au citron ですが，ミルクやレモン分値段が上がる事があるので注意してくださいね．

Exercices 1 (p.8)

1) Tu aimes le vin ? — Moi, je préfère la bière.
2) Est-ce qu'il y a encore du vin dans la bouteille ? — Non, elle est vide, mais il y a encore de la bière dans le frigo.
3) Bonjour. Je voudrais des pommes, s'il vous plaît. — Désolé, nous n'avons plus de pommes.
4) Voilà la Tour Eiffel et l'avenue des Champs-Élysées.
5) Tu connais l'hôtel Georges V ? J'ai un ami qui travaille là-bas.
6) Tous les dimanches matins, mon père va à l'église et puis il prend un café dans un café du quartier.

☆
1) ワインが好きだとか，ビールの方がいいという場合はワインやビールは目の前にある必要はないので，概念的に全体を表す定冠詞を使います．ワイン，ビールは液体なので数えられない名詞と考えられるので単数形になります．
2) それに対して，「ボトルにまだワインが残っている？」という時は具体的な量を指し示す訳ですから，部分冠詞を使い，「もうない」と答える時はその量はゼロになってしまっ

ているので，de が使われる事になります．
3) リンゴを買いに行く時，1つだけ，と決めて行く場合以外はまず複数の不定冠詞で表現します．そのあと，J'en voudrais 1 kilo. など具体的な数量を言うのが普通です．
4) 固有名詞，1つしかないものは定冠詞でしたね．ちなみにシャンゼリゼは複数で表されるのでの de + les の縮約形の des になっています．(1-2 参照)
5) そこで働いている友達が1人いる，という言い方です．今回は ami が男性形なので un を入れましたが，もし女性の友達 amie であれば une となりますね．
6) tous les + 複数形の男性名詞で（すべての〜）という言い方になるので，ここでは毎日曜の朝という意味になります．女性名詞の場合は toutes les 〜 になります．ex. toutes les matinées

1つ目の un café は「1杯のコーヒー」というニュアンス，2つ目は「ある(カフェ)」という意味で不定冠詞が使われています．

Exercices 2 (p.9)

1) J'en voudrais un. → **d)** Un sandwich au jambon.
2) J'en voudrais une. → **e)** Une brioche.
3) J'en voudrais deux. → **c)** Deux boules à la pomme.
4) J'en prends un au chocolat et un au café.
    → **a)** Un éclair au chocolat et un éclair au café.
5) J'en prends une à la fraise et une à la vanille.
    → **b)** Une boule à la fraise et une boule à la vanille.
6) J'en mange deux tous les matins. → **h)** Des tartines de pain.
7) J'en bois un tous les jours. → **f)** Un café.
8) J'en achète un une fois par semaine. → **g)** Un magazine.

Activités 2 (p.10) A-8

1) J'en voudrais trois.
2) Oui, j'en prends tous les jours.
3) Non, je n'en mange pas tous les jours mais j'en prends cinq fois par semaine.
4) Oui, j'en prends deux.
5) Non, elles n'en prennent pas.

☆ 否定形になった時の位置と音をしっかり確認しましょう．3) の答えで tous les jours が使われていますが，もちろん問題文で使われていた tous les matins を使って答えても大丈夫です．

Exercices 3 (p.11)

1) Comment s'appelle ce jeune homme ? — Il s'appelle Julien.

2

2) Quelle est sa profession ? — Il est serveur.
3) Où est-ce qu'il travaille ? — Il travaille au glacier Berthillon.
4) Qu'est-ce qu'il aime faire ? — Il aime lire des romans et aussi faire du sport.
5) Où est-ce qu'il habite ? — Il habite à Clamart.
6) Quelle est son adresse ? — C'est 20 rue de l'Église.
7) Qu'est-ce qu'il fait le week-end ? — Il rencontre des amis.

☆ où est-ce que, qu'est-ce queはそれぞれその後に続く語が母音で始まるilなのでエリジオンされています．quelleはestとアンシェヌマンされてつながります．

Activités 3 (p.12)

A-10

1) Enchantée, je m'appelle Fuki. Je suis japonaise. Je suis étudiante. J'étudie le français depuis 2 ans. C'est difficile. Maintenant j'habite à Paris. J'aime aller au cinéma et écouter de la musique. Le week-end, je visite des musées.

A-11

2) Bonjour. Je m'appelle Michel. Je suis français. Je suis l'ami de Julien. J'aime beaucoup les mangas. J'aime surtout les mangas japonais. Le week-end je vais à la Fnac et je lis des mangas dans les rayons (sur place).

☆ ジュリアン，フキ，ミシェルにならって簡単な自己紹介をしてみてください．「初めまして」という挨拶に続いて，名前，国籍，身分，住んでいる場所，好きな事，好きなもの，普段の生活などを伝えると，あなたがどういう人かだいたいわかってもらえますね．聞かれていないのにそんな事まで…と思わずにどんどん積極的に情報を出すようにしましょう．そうすれば相手はいろいろ質問してくれるはずです．

1-2 Le lendemain — Le journal de Fuki

Exercices 1 (p.15)

1) un café au lait
2) un pain au chocolat
3) une tarte aux pommes
4) une mousse à l'orange
5) le manuel du professeur
6) l'entrée de l'hôtel
7) la lumière de la lune
8) le président des États-Unis

Activités 1 (p.16) **A-15**

1) Une boule à la pomme, s'il vous plaît.
2) Une boule au melon et une boule à la pêche, s'il vous plaît.
   Ou bien une au melon et une à la pêche, s'il vous plaît.
3) Une boule à l'abricot, une boule à la cerise, (et) une boule au pamplemousse, s'il vous plaît.
   Ou bien une à l'abricot, une à la cerise, (et) une au pamplemousse, s'il vous plaît.

☆ いくつかのものを並べて言うときには英語と同様に，最後から1つ前の単語と最後の単語との間に et を入れるのが普通ですが，早口で言うときには聞こえない（言われていない）こともあります．

Exercices 2 (p.19)

1) Elle est allée au cinéma hier au soir.
2) Ils sont venus en train.
3) Il est parti ce matin à 8 heures.
4) J'ai mangé un sandwich au jambon et j'ai bu une bière à midi.
5) Nous avons mis un disque et nous avons dansé.
6) Tu as pris ton petit-déjeuner ?

訳
1) 彼女は昨夜映画に行きました．
2) 彼らは電車で来ました．
3) 彼は今朝8時に出発しました．
4) 私はお昼にハムサンドを食べ，ビールを1杯飲みました．
5) 私たちはCDをかけて踊りました．
6) 朝ご飯食べた？

☆ 1)から5)までは過去の1回限りの出来事を表していますが，6)は完了のニュアンスがあります．
1)は主語が女性なので過去分詞の後にeをつけるのを忘れないでください．2)は主語が複数なので過去分詞の後にsをつけるのを忘れないでください．5)と6)のmettreは prendre はどちらも不規則動詞で過去分詞が s で終わる形です．どれもよく使われる動詞です．過去分詞の形をしっかり覚えて，できれば主語を入れ替えていろいろ練習してみてください．
また，1) の昨夜は hier soir, hier au soir の両方が使えます．

Exercices 3 (p.20)

1) Il avait un chien dans son enfance.
2) Elle aimait danser dans sa jeunesse.
3) Vous étiez professeur autrefois ?
4) Nous habitions une grande maison.
5) Elles allaient souvent au marché le dimanche.
6) Tu jouais du piano au collège ?

訳
1) 彼は子供時代犬を1匹飼っていた．
2) 彼女は若い頃踊るのが好きだった．
3) あなたは昔先生でいらっしゃったのですか？
4) 私たちは大きな家に住んでいました．
5) 彼女たちは日曜にはよく市に行っていました．
6) 中学の時，ピアノ弾いてたの？

☆ dans son enfance, dans sa jeunesse, autrefois という表現から，今はもうそうではない過去の事を語っているという事がわかりますね．また，5) は souvent で反復された行為である事がわかります．

Activités 2 (p.21)

1) A-19

A: Qu'est-ce que vous avez fait ce week-end ?
B: **Je suis parti(e) au bord de la mer.**
A: Est-ce que vous avez eu beau temps ?
B: **Non, il a plu.**
A: Est-ce que c'était reposant ?
B: **Oui, c'était agréable et très reposant.**
A: Comment était la mer ?
B: **Elle était assez froide.**

2) A-20

A: Qu'est-ce que tu as fait hier ?
B: **Je suis allé au glacier Berthillon.**
A: Qu'est-ce que tu as mangé ?
B: **J'ai mangé une glace au cassis.**
A: Est-ce que c'était bon ?

B: C'était délicieux !
A: **Comment était le glacier Berthillon ?**
B: C'était agréable et sympathique.

3) **A-21**
A: Qu'est-ce que tu as fait dimanche ?
B: Je suis allé(e) au Musée du Louvre.
A: C'était comment ?
B: Ce n'était pas intéressant.
A: Ah bon. Et pourquoi ?
B: Comme c'était bondé, je n'ai pas vu la Joconde.
A: C'est dommage !
B: Oui, un peu...

1-3 Julien rencontre un ami

Exercices 1 (p.27)
1) Cette femme est belle et grande.
2) Ces enfants sont petits et mignons.
3) C'est une vieille bicyclette noire.
4) C'est un bel hôtel.
5) Ce sont de grosses boules blanches.

Activités 1 Qui suis-je ? (p.28)

A-25
A) Bonjour, je suis français, je suis acteur. Je suis grand et je ne suis pas gros. J'ai les cheveux courts, le nez un peu long, une petite bouche et de grands yeux marron. Je porte des lunettes. Je ne suis plus très jeune mais je suis encore très actif. Je suis dans certaines publicités japonaises. Qui suis-je ? Jean Reno.

A-26
B) 1) Bonjour. Je suis japonais. Je suis étudiant. Je m'appelle Tsubasa. Je suis un peu petit. J'ai les cheveux châtains et longs. Je n'ai pas un très grand nez mais de grands yeux noirs. Je porte des lentilles (de contact). Je porte toujours une montre rouge. J'aime beaucoup la couleur rouge. (J'aime

beaucoup le rouge).

🔊 **A-27**

2) Bonjour. Je suis japonaise. Je m'appelle Naoko. Je suis étudiante. Je suis assez grande. J'ai les cheveux longs et noirs. La plupart du temps, je porte des lentilles (de contact) mais de temps en temps des lunettes. Je porte souvent un bonnet orange.

🔊 **A-28**

C) Ma grand-mère avait les cheveux blancs et courts. Elle avait de petits yeux noirs. Elle portait des lunettes. Elle avait un visage jeune. Elle était très jolie.

Exercices 2 (p.30)

1) Tu peux la regarder.   Tu peux regarder la télévision.
2) Tu veux le faire ?   Tu veux faire ce gâteau ?
3) Vous les aimez.   Vous aimez ces fleurs.
4) Elle lui a parlé au téléphone.   Elle a parlé à Marie au téléphone.
5) Nous leur avons donné un ballon.   Nous avons donné aux enfants un ballon.

Activités 2 (p.30) 🔊 **A-29**

1) Tu me donnes ces fleurs ?
   — Oui, je te les donne.
2) Vous me donnez ces fleurs ?
   — Oui, je vous les donne.
3) Je peux te poser une question ?
   — Oui, bien sûr.
4) Je peux vous poser une question ?
   — Oui, bien sûr.
5) Vous me donnez cette rose ?
   — Oui, je vous l'offre.
6) Je voudrais lui offrir cette rose.
   — C'est parce que tu l'aimes que tu veux la lui offrir ?

Exercices 3 (p.31)

1) Je vais offrir cette bague à ma mère pour son anniversaire.
   Je vais la lui offrir.
2) Il va envoyer ce paquet en France par bateau.

Il va l'y envoyer par bateau.
3) Nous allons emmener les enfants au cirque.
   Nous allons les y emmener.
4) Elle va acheter des chaussures à ses enfants.
   Elle va leur en acheter.
5) Vous donnez ces disques à vos amis.
   Vous les leur donnez.

Exercices d'écoute (1) (p.32)

1. A-30
1) Mon papa aime beaucoup les babas au rhum.
2) Il fait un soleil de plomb.
3) C'est un ami proche.
4) J'ai acheté un chapeau blanc.
5) Les bonbons que j'ai achetés hier sont en forme de pompoms.

2. A-31
1) Le lâcher de ballons a eu lieu près des vallons de la Champagne.
2) Le roman de St Exupéry « *Vol de nuit* » a été traduit en plusieurs langues.
3) Cet orateur est plein de verve.
4) Lors de la réception, le vin coulait à flots.
5) Dans ce jardin, il y a beaucoup de bancs.

2-1 À la sortie du cinéma

Exercices 1 (p.36)

Mardi, elles vont prendre le bateau-mouche de onze heures à midi. Elles vont déjeuner au pied de la Tour Eiffel. De quatorze heures à seize heures elles vont visiter le musée Rodin. Le soir, elles vont voir un ballet à l'Opéra Bastille. Ensuite, elles vont rentrer en taxi à l'hôtel et elles vont se coucher tout de suite.

Activités 1 (p.37) A-35

Une conversation entre Yuki et son amie française.
Marie: Allo Yuki, c'est Marie. Tu vas bien ?
Yuki: Ça va, merci. Je viens juste d'arriver à l'hôtel.
Marie: Qu'est-ce que vous allez faire demain ?

Yuki : <u>Nous allons faire</u> la visite du Louvre.
Marie : Et ensuite, où est-ce que vous allez aller ?
Yuki : Je ne sais pas encore. <u>Nous allons peut–être nous promener</u> dans le Jardin des Tuileries et puis <u>nous reposer</u>.
Marie : Et la Tour Eiffel ?
Yuki : C'est une bonne idée, J'ai très envie de la voir.
Marie : Bon séjour. Au revoir.
Yuki : Merci. Au revoir.

Activités 2 (p.38) A-36

Marie : Allo Yuki, c'est Marie. Tu vas bien ?
Yuki : Ça va, merci. Je viens juste de raccrocher le téléphone.
Marie : Qu'est-ce que vous allez faire demain ?
Yuki : Nous allons prendre le bateau-mouche.
Marie : Et ensuite, où est-ce que vous allez aller ?
Yuki : Je ne sais pas encore. Nous allons peut-être visiter le musée Rodin et puis aller voir un ballet à l'Opéra Bastille.
Marie : Et la Tour Eiffel ?
Yuki : Nous allons déjeuner au pied de la Tour Eiffel.
Marie : Bon séjour. Au revoir.
Yuki : Merci. Au revoir.

Exercices 2 (p.40)

1) Est-ce que vous vous réveillez tôt ou tard dans la semaine ?
   En général, je me réveille tôt dans la semaine mais le dimanche je me réveille tard.
2) Est-ce que vous vous levez lentement ou rapidement ?
   D'habitude, je me lève rapidement mais je préfère me lever lentement.
3) Est-ce que vous prenez le petit-déjeuner le matin ?
   Je prends toujours le petit-déjeuner le matin.
4) Est-ce que vous aimez lire le journal avant de vous laver et de vous habiller ?
   J'aime beaucoup lire le journal avant de me laver et de m'habiller.
5) Est-ce que vous vous couchez avant ou après minuit ?
   Je me couche avant minuit.

1) Est-ce que <u>tu te réveilles</u> tôt ou tard dans la semaine ?
2) Est-ce que <u>tu te lèves</u> lentement ou rapidement ?

3) Est-ce que tu prends le petit-déjeuner le matin ?
4) Est-ce que tu aimes lire le journal avant de te laver et de t'habiller ?
5) Est-ce que tu te couches avant ou après minuit ?

Activités 3 (p.41)

🅐 **A-38**

1) Le matin, j'aime me réveiller tôt et avoir le temps de me lever lentement. J'aime prendre mon petit-déjeuner et lire le journal avant de me laver et de m'habiller.

   Elle, c'est le contraire. Elle n'aime pas se réveiller tôt. Elle doit se lever rapidement.

   Elle n'a pas le temps de prendre son petit-déjeuner et de lire le journal avant de se laver et de s'habiller.

🅐 **A-39**

2) Nous, nous nous levons toujours très tôt et nous nous promenons pendant une heure tous les matins. Nous prenons notre petit-déjeuner en regardant les informations à la télé. Après nous nous lavons. Pendant que je me rase, ma femme se brosse les cheveux et enfin nous nous habillons.

2-2 Le journal de Julien

Exercices 1 (p.46)

1) Je le trouve sérieux comme un pape. = Je le trouve très sérieux.
2) Je la trouve ennuyeuse comme la pluie. = Elle est vraiment ennuyeuse.
3) Je le trouve bête comme ses pieds. = Je le trouve vraiment bête.
4) Je la trouve bavarde comme une pie. = Je la trouve très bavarde.
5) Il se prend pour le pape. = Je le trouve prétentieux.

☆ 比喩の作り方は比較的簡単です。「〜のように，〜のような」という意味の comme がよく使われている事と，比喩の対象になるものからも理解できます。例えば，être sérireux comme un pape は「とても真面目な人」という意味ですが，教皇のような方は真面目さの象徴であると言えますね。comme は使いませんが，se prendre pour le pape は「自分を偉いと思う」という意味です。教皇は偉い方ですのでわかりやすいですね。「とても退屈な」という意味の ennuyeux comme la pluie からは雨に対するイメージが浮かんできます。確かに雨の日はあまり楽しいとは思いませんね。雨との関係はあまり感じませんが，「経験の豊かな人」は ne pas être tombé de la dernière pluie と言います。経験を重ねる事と雨が降る回数は関係があるかもしれません。bête comme ses pieds は「大バカだ」という意味ですが、足は知性を掌る頭とはかなり遠いですね。avoir les pieds sur terre は、「地面に足がついている」というところから、「しっかりしている」という意味になります。bavard comme une pie はカササギがよく鳴く事から「おしゃべり」という意味になります。さらにカササギは輝くものが好きで巣に隠す習性があるので voleur comme une pie は「盗癖がある」という意味になります。フランスの高速道路の休憩所で『カササギに注意』という看板を見る事がありますが、そこには「カササギは輝くものが好きなので女性の方は身の回りに注意してください」と書いてあります。

Exercices 2 (p.46)

1) Ma mère <u>les</u> aime.　　　　　　　Ma mère aime les fleurs.
2) Mon père <u>le</u> lit tous les jours.　Mon père lit le journal tous les jours.
3) Michel <u>les</u> invite au restaurant.　Michel invite Fuki et Julien au restaurant.
4) Je <u>la</u> connais depuis 15 ans.　　Je connais Sophie depuis 15 ans.
5) Je <u>le</u> trouve mignon.　　　　　　Je trouve Michel mignon.

Activités 1 (p.47) A-43

1) Fuki va lui téléphoner. Fuki ne va pas lui téléphoner.
2) Je vais lui parler. Je ne vais pas lui parler.
3) Fuki va nous revoir. Fuki ne va pas nous revoir.
4) Julien va t'inviter. Julien ne va pas t'inviter.
5) Tu vas prendre le métro ? Tu ne vas pas prendre le métro ?

1) Fuki va téléphoner à Julien. Fuki ne va pas téléphoner à Julien.
2) Je vais parler à Fuki. Je ne vais pas parler à Fuki.

Activités 2 (p.48) A-44

Marie: Comment tu trouves cette <u>chemise</u> ?
Yuki:　Je <u>la</u> trouve très jolie. Elle me plaît beaucoup.
Yuki:　Comment tu trouves ce <u>pantalon</u>, / <u>t-shirt</u> / <u>pull</u> ?
Marie: Je ne <u>le</u> trouve pas assez grand. Il ne me plaît pas beaucoup.
Marie: Comment tu trouves ces <u>chaussures</u> ?
Yuki:　Je <u>les</u> trouve un peu trop rouges mais elles me plaisent assez.

2-3 Sophie téléphone à Fuki

Exercices 1 (p.53)

1) Elles se sont reposées toute la journée dans le parc.
   se reposer
   彼女たちは一日中公園で休憩した．
2) Ils se sont connus dans un café.
   se connaître
   彼らはカフェで知り合った．
3) Ils ne se sont pas parlé.
   se parler
   彼らは互いに話をしなかった．
4) Valentine, tu t'es coupée ?
   se couper
   ヴァランティヌ，（身体のどこかを）切ったの？
5) Valentine, tu t'es coupé une part de gâteau ?
   se couper
   ヴァランティヌ，（自分が食べる分の）ケーキを1切れ切った？

Exercices 2 (p.54)

Un petit garçon et une petite fille s'amusaient dans un jardin public. La petite fille <u>est tombée</u> par terre et <u>s'est blessée</u>. Elle <u>s'est blessée</u> au genou. La petite fille <u>s'est levée</u> et le petit garçon <u>s'est levé</u> aussi. Ils <u>sont allés</u> ensemble vers la sortie du jardin public. Ils <u>se sont regardés, se sont embrassés</u> et <u>se sont quittés</u>. Ils <u>se sont téléphoné</u> le soir.

Activités 1 (p.54) A-49

1) Elle s'est levée vers 8 heures.
2) Elle s'est amusée avec son chat. Après elle s'est lavée et elle s'est brossé les cheveux et elle a pris son petit-déjeuner.
3) Si, elle est sortie.
4) Elle s'est promenée et elle est allée voir une exposition.

Activités 2 (p.55) A-51

ソフィ：Qu'est-ce que tu as fait dimanche ?
あなた：**Dimanche, je me suis levé(e) vers 7 heures et demie.**
ソフィ：C'est tôt pour un dimanche.

あなた: **Après, j'ai pris une douche, je me suis lavé les cheveux et j'ai préparé mon petit-déjeuner. Voilà.**

ソフィ: Tu n'es pas sorti(e) du tout ?

あなた: **L'après-midi, je suis sorti(e), je me suis promené(e) avec mon chien environ une demie heure.**
Et toi, qu'est-ce que tu as fait ?

ソフィ: C'était une très belle journée. Je te laisse. J'ai un appel sur mon portable. Je te raconterai une autre fois. A plus tard.

あなた: **Bon d'accord. À plus tard.**

Exercices d'écoute (2) (p.56)

1. 🎧 **A-52**
1) C'est ma <u>seule</u> <u>sœur</u>.
2) La <u>cale</u> de ce bateau est <u>carrée</u>.
3) Il y a plusieurs <u>virages</u> avant l'entrée du <u>village</u>.
4) C'est quelque chose de <u>long</u> et <u>rond</u>.
5) C'est une <u>lampe</u> pour la <u>rampe</u>.

2. 🎧 **A-53**
1) Elle a <u>arrêté</u> <u>d'allaiter</u> son enfant au bout de 9 mois.
2) Tous les dimanches on entend les <u>cloches</u> sonner dans le <u>village</u>.
3) Les <u>mules</u> sont des bêtes têtues d'où l'expression: "Il est têtu comme une <u>mule</u>."
4) Je n'ai plus rien à <u>lire</u>. Je vais aller à la bibliothèque.
5) Les <u>rois</u> sont souvent au-dessus des <u>lois</u>.

☆ [r]と[l]の違いは英語よりはわかりやすいですね．[r]では舌を動かさずにじっと下に置いたままにして，喉から息を出すような感じで発声しますが，[l]は舌の先を上の歯の裏側の付け根のところに軽くあてて音を出します．英語ほど舌をはじく必要はないので，舌先が上あごについていると感じられる程度で大丈夫です．

3-1 Fuki rencontre Michel

Exercices 1 (p.61)

1) (+) Les enfants aiment <u>plus</u> les mangas <u>que</u> les livres.
2) (=) J'aime <u>autant</u> les fraises <u>que</u> les cerises.
3) (-) Les chats sont <u>moins</u> bruyants <u>que</u> les chiens.
4) (=) Elle dessine <u>aussi</u> bien <u>que</u> ma sœur.

5) (+) J'ai <u>plus</u> d'amis <u>que</u> mon frère.

Activités 1 (p.62) A-56

1) Alors, il est comment ce café ? — Il est <u>meilleur que</u> le café que j'ai bu tout à l'heure.
ねえ，このコーヒーどう？ —さっき飲んだコーヒーよりはずっとおいしいよ．
2) Comment tu trouves cette tarte ? — Elle est <u>aussi bonne</u> que d'habitude.
このタルトどう思う？ —いつもと同じようにおいしいよ．
3) Qu'est-ce que tu as pensé de ce film ? — Il est <u>mieux que</u> je ne pensais.
この映画どう思った？ —思ったよりは良かったね．
4) Comment tu trouves la prof ? — Elle est <u>moins</u> sévère <u>que</u> je ne croyais.
先生の事どう思う？ —思ったよりあまり厳しくないね．
5) Comment tu trouves cette exposition ? — Je la trouve <u>plus</u> intéressante <u>que</u> la dernière fois.
この展覧会の事どう思う？ —この間のより面白かった．

Exercices 2 (p.63)

1) Dans deux ans, je <u>finirai</u> mes études. Je <u>ferai</u> un voyage à l'étranger avec mes amis de l'Université. Nous <u>irons</u> en Europe pour deux semaines. En Europe, nous <u>voyagerons</u> en train. Je <u>partirai</u> tout seul quelques jours en Suisse. Je <u>resterai</u> chez mes amis suisses.
Ensuite, je <u>retrouverai</u> mes amis de l'Université et nous <u>prendrons</u> l'avion de retour.
2) Dans deux ans, il <u>finira</u> ses études. Il <u>fera</u> un voyage à l'étranger avec <u>ses</u> amis de l'Université. Il <u>ira</u> en Europe pour deux semaines. En Europe, il <u>voyagera</u> en train. Il partira tout seul quelques jours en Suisse. Il <u>restera</u> chez <u>ses</u> amis suisses.
Ensuite, il <u>retrouvera</u> <u>ses</u> amis de l'Université et il <u>prendra</u> l'avion de retour.

Activités 2 (p.64) A-57

1) Si elle ne vient pas ce soir, je lui <u>téléphonerai</u> demain matin.
2) Si le train a du retard, je <u>prendrai</u> le taxi pour aller chez toi.
3) S'il y a de la neige sur la route, nous <u>dormirons</u> à l'hôtel.
4) S'il fait mauvais temps, elles n'<u>iront</u> pas se baigner.
5) Si j'ai le temps, je <u>ferai</u> un gâteau pour ton anniversaire.

Activités 3 (p.64) A-59

Dans 10 ans, je serai mariée. J'aurai moins de temps libre que maintenant. Mon mari sera sérieux et dynamique. J'aurai 2 enfants. Mes enfants aimeront faire du sport. J'habiterai dans une grande maison. Je verrai mes amis de temps en temps et je sortirai. Mon chien sera toujours aussi paresseux. Je voyagerai en famille. Nous serons très heureux.

3-2 Le journal de Fuki

Exercices 1 (p.69)
1) Comme j'ai mal à la tête, j'ai envie de prendre de l'aspirine.
2) Comme il a mal aux dents, il va aller chez le dentiste.
3) Comme ce film a l'air intéressant, nous allons l'enregistrer.
4) Comme elle a envie de faire du ski, elle va aller dans une station de ski.
5) Comme ils ont l'air fatigués, ils vont se reposer pendant une heure.

Activités 1 (p.70) A-62
1) Quand je suis allée chez lui, il n'était pas là.
2) Quand il est arrivé à la gare, le train partait.
3) Quand j'avais dix ans, je voulais devenir espion.
4) Quand nous sommes allées au bord de la mer, il faisait mauvais temps.
5) Quand il pleuvait, nous jouions souvent au monopoly.

Exercices 2 (p.71)

単純未来	前未来
je ne travaillerai pas	j'aurai fini
je voyagerai	j'aurai économisé
je visiterai	j'aurai visité
j'irai	

Exercices 3 (p.72)
1) Elle se lavera les dents et elle se couchera.
   Quand elle se sera lavé les dents, elle se couchera.
2) Ils finiront ce travail et ils iront dîner.
   Quand ils auront fini ce travail, ils iront dîner.

3) Tu partiras et elle rentrera chez elle.
   Quand tu seras parti, elle rentrera chez elle.
4) Il pleuvra, les limaces et les escargots sortiront.
   Quand il aura plu, les limaces et les escargots sortiront.
5) Tu te lèveras et tu verras la montagne sur ta droite.
   Quand tu te seras levé(e), tu verras la montagne sur ta droite.

Activités 2 (p.72) A-64

Samedi, <u>comme</u> j'aurai terminé mon travail avant midi, j'irai déjeuner avec des amis. <u>Quand</u> nous aurons fini de déjeuner, j'inviterai mes amis à prendre le café à la maison. <u>Quand</u> nous aurons bu le café, nous irons faire une promenade. Mais <u>comme</u> la saison de la chasse(猟)a commencé, nous n'irons pas nous promener dans les bois.

3-3 Michel téléphone à Julien

Exercices 1 (p.77)
1) Qu'est-ce qui a quatre pattes et aime chasser les souris ? — Un chat.
2) Qu'est-ce qui chante au lever du jour ? — Un coq.
3) Qu'est-ce que tout le monde utilise pour se laver ? — Du savon.
4) Qu'est-ce que les japonais utilisent en général pour manger ? — Des baguettes.
5) Qu'est-ce que les français boivent assez souvent ? — Du vin.

Activités 1 (p.77) A-68

1) Qu'est-ce que tu prends ?   c) Je vais prendre un café et une tarte au citron.
2) Qu'est-ce que tu deviens ?   a) Ça va bien et toi ?
3) Qu'est-ce qui ne va pas ?   b) J'ai mal à la tête.
4) Qu'est-ce qui te plaît ?   e) Cette robe me plaît.
5) Qu'est-ce qui se passe ?   d) Le téléphone est coupé.

Exercices 2 (p.78)
1) 明日プールに行こうか？
2) 来週スキーに行こうか？
3) 私達と一緒に食べない？
4) ちょっと休憩しようか？
5) 何日間かどこか行こうか？

Activités 2 (p.78) A-69

1) Si on allait au cinéma lundi ?
2) Si on allait au restaurant indien le mois prochain ?
3) Si on allait prendre un verre ?
4) Si on allait prendre un café ?
5) Si on écoutait de la musique ?

実践会話練習 1 (p.82) A-71
Rencontre dans une soirée

フランス人男性:	Bonsoir, vous buvez quelque chose Mademoiselle ?
あなた:	**Oui, volontiers. Merci.**
フランス人男性:	Je m'appelle Pierre. Enchanté.
あなた:	**Moi, c'est Yoko. Enchantée.**
フランス人男性:	Vous êtes venue avec qui ?
あなた:	**Avec Sabine. Vous la connaissez ? Elle est secrétaire.**
フランス人男性:	Je la connais très bien. On a travaillé dans la même entreprise. Vous la connaissez depuis longtemps ?
あなた:	**Non, depuis 3 mois. Je viens tout juste d'arriver à Paris.**
フランス人男性:	Comment est la vie à Paris ?
あなた:	**La vie à Paris me plaît beaucoup. Je trouve Paris agréable (sympathique) et intéressant.**
フランス人男性:	Vous allez rester longtemps à Paris ?
あなた:	**Je vais rester à Paris 2 ans.**
フランス人男性:	Ah, vraiment. Et qu'est-ce que vous faîtes ?
あなた:	**Je suis traductrice pour le grand magasin Mitsukoshi.**
フランス人男性:	C'est pour cela que vous parlez si bien français.
あなた:	**Non, non pas du tout. Ce n'est pas encore cela. Si j'avais un peu plus de temps, je pourrais plus étudier.**
フランス人男性:	Je crois que le mieux est de parler avec beaucoup de personnes différentes.
あなた:	**Oui, c'est vrai. Mais je ne me suis pas encore fait beaucoup d'amis.**
フランス人男性:	Je fais une petite fête chez moi, vous êtes libre samedi prochain ?
あなた:	**J'aurai du temps mais...**

フランス人男性:	Ne vous en faîtes pas. Il y aura beaucoup de monde et puis Sabine aussi est invitée.
あなた:	**Ah bon. Eh bien, j'irai avec elle. Tiens, voilà Sabine. Alors à samedi.**
フランス人男性:	Je vous attends.

4-1 Julien et Fuki se disputent

Exercices 1 (p.87)

Avant de partir en France, il faut que tu <u>fasses</u> une demande de visa. Pour faire une demande de visa, il faut que tu <u>ailles</u> au Consulat de France. Mais avant de faire ta demande, il est nécessaire que tu <u>t'inscrives</u> dans une école. Quand tu seras inscrit(e), il faut que tu <u>trouves</u> un domicile. Lorsque tu auras trouvé un domicile, il faut que tu <u>ouvres</u> un compte en banque. Et bien sûr, il est nécessaire que tu <u>achètes</u> une nouvelle valise solide, mais attention il ne faut pas qu'elle <u>soit</u> trop lourde. Bon séjour en France !

Exercices 2 (p.87)

Pour faire des progrès en français, il vaudrait mieux que tu <u>aies</u> un correpondant français.

Ce serait bien que ton correspondant <u>soit</u> du même âge que toi. Il serait nécessaire que tu <u>écrives</u> souvent à ton correspondant. Il vaudrait mieux que tu <u>parles</u> de tes goûts à ton correspondant et ce serait bien que tu lui <u>demandes</u> conseil si tu as l'intention de séjourner en France.

Exercices 3 (p.89)

1) Pensez-vous que nous serons à l'heure au concert ?
   Je crains que nous <u>arrivions</u> en retard à cause des embouteillages.
2) Crois-tu que ce manteau m'ira bien ?
   J'ai peur que ce manteau <u>soit</u> trop petit pour toi.
3) Qu'est-ce que vous voulez, Monsieur ?
   Je veux que vous <u>veniez</u> me voir dans mon bureau dans une demi-heure.
4) Penses-tu que l'avion de Marie sera déjà à l'aéroport ?
   Je voudrais qu'il y <u>soit</u> déjà !
5) Crois-tu que nous finirons ce travail à temps ?
   J'aimerais que nous le <u>finissions</u> au plus vite.

Activités 1 (p.90) A-77

1) Je veux que vous <u>sachiez</u> compter jusqu'à cent !
2) Je crains qu'il ne <u>puisse</u> trouver son chemin à la nuit tombée !
3) Je voudrais qu'elle m'<u>écrive</u> plus souvent !
4) Je désire que nous <u>fassions</u> une fête pour son anniversaire !
5) J'ai bien peur qu'il <u>faille</u> partir tout de suite.

4-2 Le journal de Julien

Exercices 1 (p.93)

1) Bien qu'il <u>fasse</u> froid ces derniers jours, nous n'utilisons pas le chauffage.
2) J'ai fait un gâteau plus gros que d'habitude pour que tout le monde <u>puisse</u> en manger.
3) À condition que les enfants n'<u>oublient</u> pas, nous pourrons les emmener au cirque.
4) Bien que nous ne nous <u>voyions</u> pas depuis des années, nous sommes toujours amies.
5) Pourvu qu'il <u>neige</u> beaucoup avant que nous allions au ski.
6) De sorte que vous <u>puissiez</u> me joindre, je vous donne mon numéro de téléphone portable.

Activités 1 (p.94) A-80

1) On ira au bord de la mer demain <u>à condition que</u> le temps le permette.
2) Ils sont allés au cinéma <u>bien que</u> leurs parents leur aient interdit d'aller voir ce film.
3) Quand nous arriverons à la maison <u>pourvu que</u> le repas soit prêt, j'ai très faim.
4) Je lui ai acheté une glace <u>pour qu'</u>il arrête de pleurer !
5) J'ai fait le ménage <u>avant que</u> vous veniez.

Exercices 2 (p.96)

1) Je suis désolée <u>que</u> mon amie Nicole <u>ait raté</u> son train.
2) Je suis content <u>que</u> ma fille <u>ait été reçue</u> au Conservatoire de musique.
3) Je suis ravie <u>que</u> mon mari <u>ait</u> enfin <u>obtenu</u> son permis de conduire.
4) Je suis heureux <u>que</u> mes enfants <u>aient reçu</u> un prix de dessin à l'école.
5) Je suis embêtée <u>que</u> mon ami Paul n'<u>ait</u> pas complètement <u>réussi</u> l'examen.

Activités 2 (p.97) A-81

1) Je suis contente qu'elle <u>ait pensé</u> à acheter un cadeau pour mon frère.
2) Nous sommes tristes que vous <u>n'ayez pas pu</u> participer à cette réunion familiale.
3) Elle est ravie que vous <u>ayez été</u> contacté par son amie.
4) Ils sont désolés que le train <u>ait eu</u> du retard.
5) Tu es furieux que ton ami ne <u>t'ait pas téléphoné</u>.

Exercices 3 (p.97)

1) Tu dois être content de partir en vacances au Maroc.
2) Nous devons aller chez nos amis ce soir.
3) Vous devez réussir à l'examen.
4) Elle doit se faire couper les cheveux.
5) Ils doivent nous téléphoner avant de venir.

4-3 Fuki demande conseil à Sophie

Exercices 1 (p.102)

1) 1) Mets-toi à l'aise et donne-moi ta veste.
   2) Assieds-toi sur cette chaise et sers-toi à boire.
   3) Installe-toi dans le fauteuil en cuir, je vais préparer le café.
2) 1) Mettez-vous à l'aise et donnez-moi votre veste.
   2) Asseyez-vous sur cette chaise et servez-vous à boire.
   3) Installez-vous dans le fauteuil en cuir, je vais préparer le café.
3) 1) Ne t'assieds pas sur cette chaise, c'est la chaise du chat.
   2) Ne te sers pas à manger tout de suite, c'est très chaud.
   3) Ne te mets pas à l'aise maintenant, nous allons sortir dans dix minutes.
4) 1) Ne vous asseyez pas sur cette chaise, c'est la chaise du chat.
   2) Ne vous servez pas à manger tout de suite, c'est très chaud.
   3) Ne vous mettez pas à l'aise maintenant, nous allons sortir dans dix minutes.

Exercices 2 (p.104)

1) Je pense qu'il <u>fera</u> mauvais temps demain mais je ne pense pas qu'il <u>pleuve</u>.
2) Je crois que je suis enrhumée mais je ne crois pas que ce <u>soit</u> nécessaire de voir un médecin.

3) J'imagine que ma sœur <u>aimera</u> ce pull mais je n'imagine pas qu'elle <u>aime</u> ce pantalon.
4) Je crois que les enfants <u>prendront</u> un gâteau mais je ne crois pas qu'ils <u>puissent</u> prendre aussi un jus de fruit.

Exercices 3 (p.104)

Fuki arrive devant l'immeuble de Sophie. Elle trouve le nom de Sophie sur les boîtes aux lettres et elle constate que l'appartement de Sophie <u>est</u> au troisième étage. Elle remarque tout de suite que l'ascenseur <u>est</u> en panne. Il faut qu'elle <u>prenne</u> les escaliers. Quand elle arrive sur le palier du troisième étage, elle a l'impression qu'elle ne <u>peut</u> pas aller plus haut. Elle est contente que ce <u>soit</u> enfin le troisième étage.

Activités 1 (p.105) A-85

Dans l'appartement de Sophie, il n'y a pas beaucoup de mobilier. Dans le salon, il y a un vieux divan et un fauteuil en cuir, dans la cuisine une petite table et deux chaises. Mais cet appartement est très accueillant et calme. Il est clair que Sophie <u>aime</u> vivre ici et <u>apprécie</u> cet appartement. Maintenant je suis certaine qu'elle <u>a</u> un joli vase, la prochaine fois, il vaudrait mieux que je lui <u>offre</u> des fleurs plutôt que des chocolats. Je crois que mon idée lui <u>plaira</u> !

Exercices d'écoute (3) (p.106)

1. A-86
1) Sa vie est son <u>choix</u> et aussi sa <u>joie</u>.
2) La <u>jeunesse</u> se <u>cherche</u>.
3) Il a fait une <u>chute</u> de cheval et il s'est blessé à la <u>joue</u>.
4) Il <u>joue</u> souvent de son <u>charme</u>.
5) Ce <u>chiot</u> <u>jappe</u> depuis bientôt une heure.

2. A-87
1) Il n'a pas eu le temps d'ouvrir la <u>bouche</u>.
2) À son <u>âge</u>, il utilise encore une <u>hache</u> pour couper du bois.
3) Cette armoire est en <u>chêne</u> massif.
4) On voit des <u>champs</u> à perte de vue.
5) Cet oiseau se <u>cache</u> dans sa <u>cage</u>.

5-1 Fuki se réconcilie avec Julien

Activités 1 (p.112) **B-4**

1) <u>Je voudrais</u> un kilo de tomates et une laitue, s'il vous plaît.
2) <u>Je pourrais</u> avoir le menu, s'il vous plaît ?
3) <u>Vous devriez</u> conduire plus lentement.
4) <u>Tu devrais</u> essayer ce nouveau médicament.
5) <u>J'aimerais</u> parler couramment espagnol.
6) Monsieur, <u>pourriez-vous</u> m'aider à porter mes bagages, s'il vous plaît ?
7) <u>Je voudrais</u> aller Place de la Concorde, <u>pourriez-vous</u> m'indiquer le chemin s'il vous plaît ?
8) <u>Tu devrais</u> venir avec nous demain ? Nous allons visiter l'Église Sainte Catherine.

Exercices 1 (p.113)

1) Si vous aviez beaucoup d'argent, que feriez-vous ?
   Si j'avais beaucoup d'argent, **j'achèterais un bateau et ferais le tour du monde**.
2) Si vous pouviez habiter à l'étranger, où iriez-vous ?
   Si je pouvais habiter à l'étranger, **j'irais au Vénézuela**.
3) Au cas où vous gagneriez au Loto, que feriez-vous ?
   Si je gagnais au Loto, **je le dirais à ma famille**.
4) Si vous aviez un animal, que prendriez-vous ?
   Si j'avais un animal, **je prendrais un chien**.
5) Au cas où vous auriez des enfants, combien en auriez-vous ?
   Si j'avais des enfants, **j'en aurais deux**.

Exercices 2 (p.114)

1) Il s'est cassé la jambe <u>en tombant</u> de sa moto.
2) <u>En allant</u> chez Sophie, je me suis égarée et <u>en demandant</u> mon chemin, je suis enfin arrivée chez elle.
3) <u>Tout en pleurant</u>, il nous a dit qu'il allait partir demain pour l'étranger.
4) <u>En travaillant</u> plus, nous aurons fini notre travail plus tôt.
5) <u>Tout en regardant</u> la télévision, il mangeait un fruit.

訳
1) 彼はバイクで転んだ時に足を骨折した.

2) ソフィの家に行く途中，道に迷ってしまったので，私は道を尋ねながらようやく彼女の家にたどり着いた．
3) 彼は泣きながら，翌日海外に出発する事になっていると我々に言った．
4) 私たちがもっとしっかり仕事をすれば，もっと早くに作業を終える事ができるだろう．
5) 彼はテレビを見ながら果物を食べていた．

Activités 2 (p.114) B-5

1) <u>Étant</u> en retard à mon travail, j'ai pris un taxi.
2) <u>Ayant</u> mal <u>lu</u> la notice, je n'ai pas pu utiliser mon appareil photo tout de suite.
3) <u>Ne sachant pas</u> où le trouver, j'ai téléphoné à ses parents.
4) <u>La voyant</u>, il lui a fait signe de la main.
5) <u>En prenant</u> son café, elle fumait une cigarette.

5-2 Fuki écrit à son professeur de français

Activités 1 (p.118) B-11

1) Anne a allumé l'ordinateur avant votre arrivée ?
   Oui, quand je suis arrivé(e), **elle avait déjà allumé l'ordinateur**.
2) Il a imprimé le texte avant votre arrivée ?
   Non, quand je suis arrivé(e), **il n'avait pas encore imprimé le texte**.
3) Ils ont éteint l'ordinateur avant votre arrivée ?
   Oui, quand je suis arrivé(e), **ils avaient déjà éteint l'ordinateur**.
4) Elle a effacé le texte avant votre arrivée ?
   Non, quand je suis arrivé(e), **elle n'avait pas encore effacé le texte**.

Exercices 1 (p.119)

1) Quand j'ai reçu son courrier, **j'avais déjà répondu par mail**.
2) Quand j'ai reçu un coup de fil, **j'avais déjà répondu par courrier**.
3) Quand j'ai reçu la réponse, **j'avais déjà envoyé un courrier**.
4) Quand j'ai reçu un courrier de mes amis, **je les avais déjà revus**.
5) Quand j'ai répondu à son invitation, **j'avais déjà réservé une place dans le train**.

Exercices 2 (p.121)

1) Le texte <u>que</u> j'ai envoyé par mail est très important.

2) La maison que Marie aime beaucoup est vendue.
3) La lettre que j'ai envoyée hier est arrivée.
4) Le mot qu'il a effacé n'est pas utile.
5) Le livre que tu m'as prêté est passionnant.

Exercices 3 (p.121)

1) Tu devrais faire ce gâteau dont la recette est simple.
2) Tu devrais chanter cette chanson dont l'air est facile.
3) Il faudrait regarder cette émission dont le concept est intéressant.
4) Il faudrait lire ce journal dont les articles sont enrichissants.
5) Tu devrais sauvegarder cette photo dont les couleurs sont très belles.

Activités 2 (p.121) B-12

1) J'ai effacé le texte que j'avais sauvegardé hier.
2) Hier j'ai vu cette amie dont je t'avais déjà parlé.
3) J'ai reçu le paquet que ma mère avait envoyé il y a trois jours.
4) J'ai vu le film dont mes amis avaient discuté pendant le repas.
5) J'ai lu le roman dont j'avais déjà entendu parlé.

5-3 La réconciliation de Michel et Julien

Exercices 1 (p.127)

1) J'aurais voulu être une actrice de théâtre. J'aurais travaillé au théâtre mais j'aurais aussi tourné des films de temps en temps pour la télévision. Je serais devenue assez célèbre alors j'aurais rencontré des stars du monde du spectacle. J'aurais eu une vie agréable mais agitée. Finalement j'aurais peut-être voulu avoir une vie plus simple...

2) Vous auriez voulu être une actrice de théâtre. Vous auriez travaillé au théâtre mais vous auriez aussi tourné des films de temps en temps pour la télévision. Vous seriez devenue assez célèbre alors vous auriez rencontré des stars du monde du spectacle. Vous auriez eu une vie agréable mais agitée. Finalement vous auriez peut-être voulu avoir une vie plus simple...

3) 私は劇団の女優になりたかったんだけどなあ．舞台の仕事をしていただろうけど，時々はテレビの仕事もしてただろうなあ．まあまあ有名になってショービズ界のスターたちと知り合いになってただろうなあ．快適だけど波乱に富んだ生活をしていただろうなあ．結局私はもっとシンプルな生活を望んでたのかもしれな

いけど…

Activités 1 (p.127) B-17

1) Si j'avais été un bon musicien, <u>j'aurais appris à jouer</u> du piano et de la guitare.
2) S'il avait suivi les cours de danse de l'Opéra de Paris, <u>il serait devenu</u> un meilleur danseur.
3) Si elle m'avait écouté, <u>elle aurait réussi</u> comme journaliste.
4) Si nous nous étions séparés plus tôt, <u>nous aurions été moins fatigués</u>.
5) Si tu avais étudié plus sérieusement, <u>tu aurais pu devenir</u> interprète de conférences.

☆ 4)のCDの録音は nous serions moins fatigués と条件法現在が使われています．過去に起こった出来事がああでなければ今こういう状態ではないのに…というふうに過去の出来事の因果関係が現在にまで及んでいる場合には帰結節に条件法現在を使います．条件法過去だと「あの頃あんなに疲れていなかっただろうに」という意味になりますが，現在を使うと，「いまだにまだ疲れている」という意味になります．

Exercices 2 (p.128)

1) Le musée du Louvre est un grand musée <u>où</u> il y a beaucoup de peintures célèbres.
2) New-York est une belle ville <u>où</u> il y a la statue de la Liberté.
3) C'est la photo de l' école <u>où</u> j'ai appris à danser.
4) Il pleuvait le dimanche <u>où</u> je me suis mariée. (Mariage pluvieux, mariage heureux !)
☆「雨の日に結婚すると幸せになれる」という言い伝えがあります．

Exercices 3 (p.129)

1) C'est une lettre <u>qui</u> vient de Fukuoka.
2) C'est un roman <u>qui</u> a été écrit par Marguerite Yourcenar.
3) C'est ma mère <u>qui</u> est assise près de la fenêtre.
4) C'est Nicolas <u>qui</u> joue de la guitare.

Activités 2 (p.129) B-18

1) New-York est une belle ville <u>où</u> j'aurais aimé habiter.
2) Dans ce magasin, on trouve de bonnes chaussures <u>qui</u> viennent d'Italie.
3) Grenoble est une petite ville provinciale <u>où</u> Stendhal est né.
4) Il a travaillé longtemps dans cette entreprise <u>qui</u> fabrique des ordinateurs.
5) Tu te souviens du jour <u>où</u> nous avons dîné au bord d'un lac ?

> Exercices d'écoute (4) (p.129)

1. B-19
1) On a cassé ce vase et on l'a caché à nos parents.
2) Dans ce chant guerrier, on parle beaucoup de sang.
3) Il fait trop chaud pour porter ces seaux d'eau.
4) C'est un bon choix, cette écharpe en soie.
5) Demain il va chez ses parents.

2. B-20
1) Ce monsieur manque vraiment de zèle.
2) Il fait beaucoup de gestes en parlant.
3) Il n'y a pas de place dans sa case pour une cage.
4) J'aimerais voyager en Asie plus souvent.
5) À Paris, ce n'est pas facile de se loger.

6-1 Fuki et Julien passent un week-end en Normandie

> Exercices 1 (p.136)

1) La maison dans laquelle j'habite donne sur le port.
2) Le port dans lequel il amarre son bateau est très grand.
3) Le quai sur lequel je me promène est à l'entrée du port.
4) Le voilier pour lequel j'ai acheté de nouvelles voiles est dans le port de plaisance.
5) L'ami avec lequel je navigue a une grande expérience de la mer.

> Exercices 2 (p.136)

1) La péniche à laquelle je pense est amarrée sur la Seine.
2) Le club de voilier auquel j'appartiens est un club connu.
3) Les personnes auxquelles j'ai téléphoné seront présentes sur le bateau.
4) Les enfants auxquels tu as appris la navigation ont été très sages.
5) L'ami auquel j'ai proposé de venir est en retard.

> Exercices 3 (p.136)

1) C'est la plage près de laquelle j'aime m'asseoir en été.
2) C'est la rivière au bord de laquelle je me promène tous les jours.

3) Ce sont les fleuves en face desquels on va construire une piscine.
4) Ce sont les rivières près desquelles on a installé un barrage.
5) C'est l'océan à côté duquel je voudrais vivre plus tard.

Activités 1 (p.137) B-24

1) C'est la maison dans laquelle j'ai passé mes vacances.
2) C'est le groupe duquel j'écoute souvent la musique.
3) Ce sont les lunettes pour lesquelles je vais acheter un nouvel étui.
4) Ce sont les immeubles en face desquels on va construire un jardin public.
5) C'est un appareil photo avec lequel je vais faire de belles photos.

Exercices 4 (p.138)

1) Demain matin, je vais me faire coiffer et aussi me faire maquiller pour le mariage de mon frère.
2) Cet après-midi, il va se faire couper les cheveux et se faire raser la barbe.
3) Nous nous ferons habiller avant le début du concert.
4) Les enfants ! Vous devez vous faire couper les ongles avant d'aller jouer dans le sable.
5) Elles vont se faire faire une beauté pour sortir ce soir.

Activités 2 (p.139) B-25

1) Il aime se faire couper les cheveux courts en été.
2) Elle ne sort jamais sans se faire faire une beauté par sa coiffeuse.
3) Nous nous ferons acheter de nouveaux habits pour la rentrée des classes.
4) Ils se sont fait faire des chaussures sur mesure.
5) Tu vas te faire prendre en photo chez le photographe.

6-2 Julien envoie un e-mail à sa sœur

Exercices 1 (p.143)

1) C'est toi qui vas en France l'année prochaine ?
2) Ce sont elles qui partent ce mois-ci en tournée ?
3) C'est lui qui sera de retour demain après-midi ?
4) C'est moi qui vais acheter un gâteau pour ton anniversaire la semaine prochaine.
5) C'est vous qui avez pris l'Eurostar l'année dernière ?

Exercices 2 (p.144)

1) <u>Ce sont mes amis que</u> j'ai vus la semaine avant mon départ aux États-Unis.
2) <u>C'est la semaine d'après que</u> je suis allée voir le Grand Canyon.
3) <u>C'est à mes parents que</u> j'ai écrit une lettre avant-hier.
4) <u>C'est le colis que</u> j'ai reçu de France aujourd'hui.
5) <u>C'est ce soir que</u> je vais manger le contenu du colis.

☆ C'estは1)のようにその後に続くものが複数になるとCe sontになります。3)もCe sont à mes parents queとも言えます。

Activités 1 (p.144) B-28

1) <u>C'est</u> ce matin <u>que</u> je suis allée chez le médecin.
2) <u>C'est</u> l'homme <u>qui</u> a fait le tour du Monde en solitaire l'année dernière.
3) <u>C'est</u> le livre <u>que</u> j'ai acheté avant-hier.
4) <u>C'est</u> la dame <u>qui</u> est venue prendre rendez-vous cet après-midi.
5) <u>Ce sont</u> les photos <u>que</u> j'ai prises cette année.

Exercices 3 (p.147)

1) Julien demande à Fuki si elle aime la musique jazz.
   Fuki répond qu'elle aime beaucoup la musique jazz.
2) Julien demande à Fuki où elle va écouter de la musique jazz.
   Fuki répond qu'elle va au Bar Jazz de la rue Saint Antoine.
3) Julien demande à Fuki s'ils peuvent y aller ensemble.
   Fuki répond que bien sûr.

Exercices 4 (p.147)

1) Julien a demandé à Fuki si elle avait vu Sophie pendant les vacances.
   Fuki a répondu qu'elles étaient allées ensemble à un concert.
2) Julien a demandé à Fuki quand elles étaient allées au concert.
   Fuki a répondu qu'elles y étaient allées dimanche.
3) Julien a demandé à Fuki ce qu'elles avaient fait après.
   Fuki a répondu qu'elles étaient rentrées.

Activités 2 (p.148) B-29

1) **Le professeur:** « Quel est votre nom ? »
2) **L'étudiante:**   « Je m'appelle Fumie Yamada. »
3) **Le professeur:** « Où habitez-vous ? »

4) **L'étudiante:** « J'habite à Kobe. »
5) **Le professeur:** « Vous travaillez ? »
6) **L'étudiante:** « Je suis employée de banque. »

6-3 Départ de Fuki

Exercices 1 (p.152)

1) Nous nous sommes rencontrés <u>il y a</u> six mois.
2) J'apprends le violon <u>depuis</u> quatre ans.
3) J'ai obtenu une bourse de recherches. J'habiterai en Chine <u>pour</u> deux ans.
4) Je joue du violon tous les jours <u>pendant</u> une demi-heure.
5) J'ai réussi mon permis de conduire <u>en</u> une fois.

Activités 1 (p.153) B-33

1) Il y a des soldes à Takashimaya <u>à partir du</u> 15 avril <u>jusqu'au</u> 20 avril.
2) À Hokkaido, on peut faire du ski <u>jusqu'au</u> mois de mai.
3) À Okinawa, on peut se baigner <u>à partir du</u> mois de mars.
4) En France, l'année scolaire commence <u>à partir du</u> mois de septembre.
5) En France, on travaille en général <u>jusqu'à</u> l'âge de 60 ans.

Exercices 2 (p.155)

1) Vous travaillez sur ce projet depuis le mois d'octobre ?
   Oui, j'y travaille depuis le mois d'octobre.
2) Tu vas chez le coiffeur à trois heures ou à quatre heures ?
   J'y vais à quatre heures.
3) Qu'est-ce que tu vas mettre dans cette boîte ?
   Je vais y mettre des bijoux.
4) Vous restez en Argentine une ou deux semaines ?
   J'y reste deux semaines.
5) Tu vas à la gare en taxi ou en bus ?
   J'y vais en bus.

☆ 1)の travailler sur 〜 の sur は〜に関してという意味で，ここでは場所の前置詞として使われている訳ではありませんが，中性代名詞のyはこういう場合にも使えます．

Activités 2 (p.155) B-34

1) Vous êtes fatigué ?

Oui, je le suis.
2) Il est en colère ?
   Non, il ne l'est pas.
3) Elle est absente ?
   Oui, elle l'est.
4) Nous sommes en retard ?
   Oui, nous le sommes.
5) Ils sont mécontents ?
   Non, ils ne le sont pas.

実践会話練習 2 (p.158) B-36
Au retour des vacances

あなた： **C'était vraiment bien.**
彼女： Ouais. Les photos sont où ?
あなた： **Elles ne sont pas encore développées. Il faut que je le fasse bientôt. Aujourd'hui on les regarde sur l'ordinateur ?**
彼女： Si tu veux.
あなた： **Tu dois mettre une marque sur les photos que tu veux faire développer en double.**
彼女： D'accord. Cette photo est un peu ratée.
あなた： **C'est toi qui l'a prise, non ?**
彼女： Ah bon, tu crois. Ce n'est pas toi ?
あなた： **Non, c'est toi. Tu m'as dit que tu voulais prendre cette mosquée en photo, tu t'en souviens pas ?**
彼女： Je ne m'en souviens pas.
あなた： **Regarde, ce marché. C'est le marché où on a acheté des dattes.**
彼女： Ah oui, c'est vrai.
あなた： **On aurait dû en acheter plus.**
彼女： Oui, c'est dommage.
あなた： **Si on avait eu plus de temps, on aurait pu y acheter un service à thé.**
彼女： Tu n'es pas content de notre voyage ?
あなた： **Mais non, pas du tout. J'en suis très content.**
彼女： Tant mieux.
あなた： **Tu te souviens de ce que je t'ai dit en marchant au bord de la mer ?**
彼女： Mais bien sûr.

準2級聞き取り模擬問題 1 (p.164)

🔊 B-38

Interview d'une patineuse artistique.

Le journaliste: Vous venez de remporter la médaille d'or aux Championnats du Monde de patinage artistique à Lausanne, que ressentez-vous ?

La patineuse: C'est le plus beau jour de ma vie. Je rêve de participer aux Championnats du Monde depuis ma plus tendre enfance.

Le journaliste: Quand avez-vous commencé à patiner ?

La patineuse: J'ai commencé à l'âge de trois ans. Au début, je patinais une fois par semaine et à partir de l'âge de 5 ans, je patinais deux fois par semaine et plus je patinais plus j'avais envie de patiner.

Le journaliste: Et maintenant vous vous entraînez combien d'heures par jour ?

La patineuse: Je m'entraîne une heure avant d'aller au collège et environ quatre heures après les cours mais je me repose une fois par semaine, en général, le dimanche.

Le journaliste: Et alors, qu'est-ce que vous faites le dimanche ?

La patineuse: La plupart du temps, je fais des courses avec ma grande sœur et de temps en temps nous mangeons une glace ou un gâteau.

Le journalist: Les glaces et les gâteaux ne sont pas bons pour votre régime, non ?

La patineuse: Mais je n'en mange pas tous les jours et puis je m'entraîne beaucoup.

Le journaliste: Vous vous préparez déjà pour les jeux olympiques ?

La patineuse: Bien sûr !

🔊 B-39

1) Quelle est la couleur de sa médaille ? C'est la médaille <u>d'or</u>.
2) Elle patinait combien de fois par semaine à l'âge de 5 ans ? <u>Deux fois</u> par semaine.
3) Quel jour est-ce qu'elle ne s'entraîne pas ? En général, <u>le dimanche</u>.
4) Avec qui est-ce qu'elle fait des courses ? Avec <u>sa grande sœur</u>.
5) Quel est son prochain but ? Les <u>jeux olympiques</u>.

準2級聞き取り模擬問題 2 (p.164)

B-41

L'histoire d'un célèbre guitariste.

Il y a encore cinq ans, j'étais un garçon de café rêvant de devenir guitariste. Un jour alors que je travaillais au café « Les trois magots », le chanteur Johnny Paradis est venu accompagné d'amis. Ils se sont installés sur la terrasse et ont bu du vin. Comme ils discutaient du prochain concert qui serait donné au mois de novembre au Palais des Sports à Paris, j'ai profité de l'absence de clients pour aller demander un autographe.

J'ai aussi réussi à lui donner un enregistrement des morceaux de guitare que j'ai composés et joués.

Ils sont partis peu de temps après. Quand j'ai débarrassé la table, j'ai trouvé un très beau briquet aux initiales JP. C'est alors que je me suis décidé à aller au concert. Après le concert, je suis allé dans les loges pour remettre son briquet à Johnny Paradis. Il m'a tout de suite reconnu. De ce jour, je fais partie du groupe de Johnny Paradis.

B-42

1) Quand il avait cinq ans, il rêvait de devenir chanteur.　×
2) Il travaillait au café « Les trois magots ».　○
3) Johnny Paradis est un guitariste célèbre.　×
4) Ils ne se sont pas installés au comptoir.　○
5) Le concert aura lieu au mois d'octobre.　×
6) Comme il y avait du monde dans le café, il n'a pas pu parler à Johnny Paradis.　×
7) Ils ont bu du vin et sont partis tout de suite.　×
8) Johnny Paradis avait oublié son briquet.　○
9) Johnny Paradis se souvenait de lui.　○
10) Un an après ce concert, il est devenu un membre du groupe.　×

2級聞き取り模擬問題 1 (p.165)

B-44

Conversation au sujet du Prix de l'Arc de triomphe.

Le journaliste: Vous avez assisté à la course du cheval japonais ?
L'ancien jockey: Oui, bien sûr. C'était une très belle course.

Le journaliste: Il n'est arrivé qu'à la troisième place et pour un cheval de cette valeur, c'est un peu décevant.

L'ancien jockey: Oui, il n'a pas pu tenir son rythme jusqu'au bout. C'est un cheval qui peut être très performant en fin de course mais cette fois-ci il n'a pas réussi à sortir du peloton de tête.

Le journaliste: Et qu'avez-vous pensé du jockey ?

L'ancien jockey: Je pense que le jockey avait très bien préparé sa monture mais qu'il a manqué d'un peu de chance dans cette course.

Le journaliste: Qu'est-ce qui aurait pu le faire gagner ?

L'ancien jockey: Le terrain, je pense. Ce terrain n'était pas approprié à sa monture. Ce cheval est habitué à un champ de course de qualité différente.

Le journaliste Souhaitons à ce cheval d'un grand talent, une carrière exceptionnelle.

B-45
Questions
1) Le résultat était comment ?
2) Qu'est-ce qu'il n'a pas pu tenir jusqu'au bout ?
3) Qu'est-ce que l'ancien jockey a pensé du jockey ?
4) Pour le faire gagner, qu'est-ce qui est important ?
5) Qu'est-ce qu'on souhaite à ce cheval ?

Réponses
1) Il était un peu <u>décevant</u>.
2) C'était son <u>rythme</u>.
3) Il a pensé que le jockey <u>avait</u> très bien <u>préparé</u> sa monture mais qu'il <u>a manqué</u> d'un peu de chance dans cette course.
4) C'est le <u>terrain</u>.
5) Une carrière <u>exceptionnelle</u>.

2級聞き取り模擬問題 2 (p.165)

B-47

Une femme écrivain marocaine reçoit le Prix Nobel de littérature.

Je suis très heureuse d'être parmi vous ce soir. C'est un grand honneur d'avoir été choisie pour l'attribution de ce prix. Je n'avais jamais imaginé recevoir un prix aussi prestigieux que le Prix Nobel de littérature. Pour bien des écrivains, ce prix est un rêve inaccessible. J'ai eu la chance de voir mon rêve devenir réalité. J'ai écrit ce livre pour mieux faire connaître la condition des femmes musulmanes et donner au grand public une image différente de la vie au quotidien de ces femmes.

J'ai commencé à écrire ce roman à l'âge de 18 ans. Les premiers chapitres de ce roman sont apparus sous ma plume sans efforts mais passé les premières émotions de l'écriture, je suis restée plusieurs mois sans pouvoir écrire une seule ligne. Les mois se sont transformés en année. Finalement, ce roman a vu le jour 40 ans après les premiers jets. L'héroïne de mon roman est une jeune femme dont la soif de liberté va la conduire vers l'écriture et lui donner le courage de vivre ses convictions. Ce roman est un peu le reflet de ma vie, de mes espoirs et aussi de mes déceptions.

B-48

1) Cette femme écrivain marocaine était heureuse parce qu'elle a reçu un prix de littérature. ○
2) Elle avait longtemps rêvé de recevoir ce prix. ×
3) Le but de son livre est de faire connaître l'histoire des femmes musulmanes. ○
4) Elle a commencé à écrire récemmnent. ×
5) Elle a terminé son livre en un mois. ×
6) Elle a écrit ce roman à l'âge de 40 ans. ×
7) L'héroïne de ce roman a 18 ans. ×
8) Elle avait très soif quand elle conduisait dans le désert. ×
9) L'héroïne de ce roman est un peu à l'image de cette femme écrivain. ○
10) L'auteur parle de ses espoirs et ses déceptions. ○

準2級面接対応問題 (p.166)

B-49

P: Bonjour !
E: Bonjour !
P: Vous vous appelez comment ?
E: Je m'appelle Mari Nakagawa.
P: Vous avez quel âge ?
E: J'ai 20 ans.

P: Qu'est-ce que vous faites ?
E: Je suis étudiante.
P: Vous habitez où?
E: J'habite à Kyoto.
P: Vous habitez seule ?
E: Non j'habite avec ma famille. Nous sommes quatre. J'ai un frère. Lui aussi est étudiant.
P: Vous étudiez le français depuis combien de temps ?
E: J'étudie le français depuis trois ans.
P: Je vous remercie !
E: Merci. Au revoir !
P: Au revoir !

 B-51

À vous !
P: Bonjour !
E: Bonjour !
P: Vous vous appelez comment ?
E: Je m'appelle....
P: Vous avez quel âge ?
E: J'ai 21 ans.
P: Qu'est-ce que vous faites ?
E: Je suis étudiant(e).
P: Vous habitez où ?
E: J'habite à Osaka.
P: Vous habitez seul(e) ?
E: Oui, j'habite seul(e). Mes parents habitent à Kanazawa.
P: Vous étudiez le français depuis combien de temps ?
E: J'étudie le français depuis deux ans.
P: Vous travaillez ?
E: Je travaille dans une boulangerie deux fois par semaine.
P: Je vous remercie !
E: Merci. Au revoir !
P: Au revoir !

2級面接対応問題 (p.168)

例1: 🔊 **B-52**

P: Bonjour !
E: Bonjour !
P: Quelle est votre saison préférée ?
E-1: Ma saison préférée est l'été.
E-2: Ma saison préférée est l'été. Je trouve que l'été est une saison agréable.
E-3: Ma saison préférée est l'été. Je trouve que l'été est une saison agréable parce qu'il fait beau et chaud.
E-4: Ma saison préférée est l'été. Je trouve que l'été est une saison agréable parce qu'il fait beau et chaud. J'aime aussi l'été parce que les jours sont plus longs.
E-5: Ma saison préférée est l'été. Je trouve que l'été est une saison agréable parce qu'il fait beau et chaud. J'aime aussi l'été parce que les jours sont plus longs. (et j'aime entendre les cigales (蟬) chanter.)
(et j'aime faire des feux d'artifice (花火).)
P: Je vous remercie !
E: Merci. Au revoir !
P: Au revoir !

À vous ! 🔊 **B-54**

P: Bonjour !
E: Bonjour !
P: Quel est votre plat favori ?
E-1: Mon plat favori est le okonomiyaki.
E-2: Mon plat favori est le okonomiyaki. Je pense que c'est un bon plat.
E-3: Mon plat favori est le okonomiyaki. Je pense que c'est un bon plat parce que c'est un plat complet.
E-4: Mon plat favori est le okonomiyaki. J'aime aussi la sauce pour le okonomiyaki.
E-5: Mon plat favori est le okonomiyaki. J'aime aller manger des okonomiyaki de temps en temps avec mes amis.
P: Je vous remercie !
E: Merci. Au revoir !
P: Au revoir !

例2: 🔊 **B-55**

P: Bonjour !

E: Bonjour !

P: Qu'est-ce que vous faites le dimanche ?

E: Le dimanche, je vois des amis ou bien je reste à la maison.

P: Avec vos amis, qu'est-ce que vous faites ?

E: Avec mes amis, nous allons au cinéma et de temps en temps au restaurant.

P: Vous aimez le cinéma ?

E: Oui, j'aime beaucoup le cinéma surtout les films de science-fiction.

P: Vous allez souvent au cinéma ?

E: Oui, je vais souvent au cinéma. Je voudrais y aller encore plus souvent mais c'est un peu cher alors je loue des vidéos.

P: Je vous remercie !

E: Merci. Au revoir !

P: Au revoir !

À vous ! **B-57**

P: Bonjour !

E: Bonjour !

P: Qu'est-ce que vous faites le week-end ?

E: Je travaille dans un café tous les week-end.

P: Vous aimez votre travail ?

E: J'aime assez mon travail. Je peux rencontrer des gens. Et puis je peux aussi gagner de l'argent.

P: Vous travaillez de quelle heure à quelle heure ?

E: Je travaille le samedi de midi à dix heures du soir et le dimanche de quatre heures à minuit.

P: Ce n'est pas trop fatigant ?

E: Si, c'est un peu fatigant mais je peux me reposer le lundi.

P: Vous n'avez pas de cours le lundi ?

E: Non, je n'ai pas de cours le lundi.

P: Je vous remercie !

E: Merci. Au revoir !

P: Au revoir !

例3: **B-58**

P: Bonjour !

E: Bonjour !

P: Qu'est-ce que vous allez faire après vos études ?

E : Après mes études, je vais travailler pour la télévision.
P : Pour quelle télévision allez-vous travailler ?
E : Je vais travailler pour la télévision Abracadabra.
P : Qu'est-ce que vous allez faire comme travail à la télévision ?
E : Je ne sais pas encore mais j'aimerais travailler dans plusieurs services.
P : Qu'est-ce qui vous intéresse le plus à la télévision ?
E : Ce qui m'intéresse le plus à la télévision est la publicité.
　　J'aime beaucoup la regarder mais je voudrais aussi créer des publicités.
　　Je trouve le monde de la publicité fascinant.
P : Je vous remercie !
E : Merci. Au revoir !
P : Au revoir !

À vous ! B-60
P : Bonjour !
E : Bonjour !
P : Qu'est-ce que vous allez faire cet été ?
E : Je vais aller en France cet été.
P : Où comptez-vous aller ?
E : Je vais aller à Paris et en Bretagne.
P : Qu'est-ce que vous allez faire à Paris ?
E : Je vais rester à Paris un mois pour étudier le français. Après je vais aller en Bretagne chez des amis pendant 10 jours.
P : Vous êtes déjà allé(e) en Bretagne ?
E : Non, c'est la première fois que je vais en Bretagne mais je suis déjà allé(e) à Paris.
P : Quand êtes-vous allé(e) à Paris ?
E : J'y suis allé(e) l'année dernière pour la première fois.
P : Vous avez aimé Paris ?
E : Oui, c'était une experience intéressante et enrichissante.
P : Je vous remercie !
E : Merci. Au revoir !
P : Au revoir !

例4 : B-61
P : Bonjour !
E : Bonjour !
P : Avez-vous déjà voyagé à l'étranger ?

E : Je suis allé(e) en Corée quand j'étais au lycée.
P : Avec qui y êtes-vous allé(e) ?
E : J'y suis allé(e) avec ma classe. C'était un voyage organisé par le lycée.
P : Combien de temps êtes-vous resté(e) en Corée ?
E : Nous sommes restés trois jours à Séoul.
P : Avez-vous aimé votre voyage ?
E : Oui, j'ai passé de très bons moments pendant ces trois jours. C'était un voyage amusant.
P : Aimez-vous la cuisine coréenne ?
E : J'aime bien mais la cuisine était un peu trop épicée.
P : Je vous remercie !
E : Merci. Au revoir.
P : Au revoir !

À vous ! B-63
P : Bonjour !
E : Bonjour !
P : Comment avez-vous passé le jour de l'An ?
E : J'ai passé le jour de l'An avec ma famille. J'ai mangé des Toshikoshisoba et je suis allé(e) au sanctuaire de Ikuta avec ma famille. Après je suis rentré(e) me coucher.
P : Qu'est-ce que vous avez fait le lendemain ?
E : Je me suis levé(e) tard et j'ai mangé la cuisine traditionnelle Osechi. J'ai regardé la télévision parce que j'aime beaucoup regarder les émissions du jour de l'An.
   Le soir, je suis sorti(e) avec des amis et je me suis bien amusé(e).
P : Je vous remercie !
E : Merci. Au revoir !
P : Au revoir !

日本語訳

1-1 Au glacier Berthillon (アイスクリーム屋さんの「ベルティヨン」で)

フキちゃん： こんにちは．
ジュリアン： いらっしゃいませ．何にします？
フキちゃん： バニラアイス1つください．
ジュリアン： お持ち帰りですか．ここでお召しあがりですか？
フキちゃん： 持って帰ります．
ジュリアン： シングルですか，ダブルですか？
フキちゃん： ええ，ダブルで．
ジュリアン： はい，どうぞ．
フキちゃん： どうもありがとう．さよなら．
ジュリアン： さよなら．

(フキちゃんはその場を離れようとするが店に戻ってくる．)

フキちゃん： すみません，え～っと，ちょっとお伺いしてもいいですか？
ジュリアン： どうぞ．
フキちゃん： お名前はなんておっしゃるの？
ジュリアン： ジュリアンです．
フキちゃん： 私，フキって言うんです．パリに半年いるつもりなんです．で，毎日ここで働いてらっしゃるの？
ジュリアン： あ～まあ，そんな感じですけど．じゃあまた．楽しんでください．
フキちゃん： さよなら，ジュリアン．

1-2 Le lendemain — Le journal de Fuki (翌日，蕗の日記)

昨日，アイスクリーム屋さんの「ベルティヨン」に行ったけど，ジュリアンはいなかったわ．
ちょっと悲しかった．で，すわってシングルを1つ食べたの．ここのアイスクリーム屋さんはすばらしいわ．いろんなフレーバーがあるの．チョコレート，コーヒー味，カシス，フランボワーズ，ピスタチオ，オレンジ，パイナップル，アプリコット…こんなにいろんなフレーバーのアイスなんて考えられないわ．
でも，ジュリアンはいなかったなあ．ほんとに残念！

1-3 Julien rencontre un ami (ジュリアンは友人に会う)

ミシェル：　　おう，ジュリアン，元気？
ジュリアン：　よう，ミシェル，元気か？
ミシェル：　　んで，何かあった？
ジュリアン：　ちょっと変な女性客が来たぞ．
ミシェル：　　どんなふうに変な？
ジュリアン：　僕の名前を聞かれたんだ．
ミシェル：　　ふうん，ラッキーだなあ．で，どんな人？
ジュリアン：　小柄で，髪の毛が長くて，目が黒いから，思うに多分アジア系だな．
ミシェル：　　日本人？それとも中国人？
ジュリアン：　さあどうかな，多分日本人じゃないかな．
ミシェル：　　その人の名前聞いた？
ジュリアン：　うん，フキって．
ミシェル：　　じゃあ日本人だ．マンガの主人公の名前にあるんだ．すごく面白いし，読んでみなよ．

2-1 À la sortie du cinéma (映画館の出口で)

フキちゃんは映画館から出てきたばかりです．彼女は地下鉄に乗ろうとしています．

ジュリアン：　こんにちは，フキちゃん．
フキちゃん：　あら，ジュリアン，こんにちは．
ジュリアン：　何してるの，ここで．
フキちゃん：　『プリンスとプリンセス』という映画を見てきたところなの．
ジュリアン：　どうだった？
フキちゃん：　すばらしかったわ．もう1回見たいわ．
ジュリアン：　あ，そう．
フキちゃん：　今度一緒に見に行く？
ジュリアン：　え！？　あのねえ，僕はあまりアニメは好きじゃないし，だいたいいつも寝ちゃうんだ…ところでさ，もし時間があったら何か飲みに行かない？
フキちゃん：　うん，行く，行く．

2-2 Le journal de Julien (ジュリアンの日記)

これで2度目だけれど、メトロの入り口でまたフキちゃんに会った。彼女は映画館から出てきたところだった。僕らはカフェに行ってフランスや、日本、旅行の事なんかを話した。
なかなか面白くて実のある会話だった。彼女と一緒に過ごした時間は楽しかった。フキちゃんは感じがいいし、可愛いし明るいと思う。わりと気に入ったかも。
多分また彼女に会うだろうなあ。
ミシェルは週末出かけちゃったけど、帰ってきたら電話をくれるだろう。

2-3 Sophie téléphone à Fuki (ソフィはフキちゃんに電話をする)

ソフィ： もしもし、こんばんは、フキちゃん。ソフィよ。元気？
フキちゃん： こんばんは、ソフィ。元気よ、ありがとう。あなたは？
ソフィ： うん、私も元気。ありがとう。で、あの映画、見たの？
フキちゃん： ええ、もちろんよ。ちょうど話したい事があったのよ。
ソフィ： ああそう、なんなの？
フキちゃん： あのね、私、ジュリアンに会って、一緒にカフェに行ったのよ。
ソフィ： ふうん、それで。
フキちゃん： いろいろおしゃべりしたの。彼、とっても優しかったわ。すごく楽しかったの。
ソフィ： 次はいつ会うの？
フキちゃん： わからないけど、彼に電話番号聞かれたわ。
ソフィ： ごめん、誰か来たみたい。
フキちゃん： わかった、また明日かけるわ。じゃあね。
ソフィ： じゃあね。

3-1 Fuki rencontre Michel (フキちゃんはミシェルに出会う)

ミシェルはフナックのマンガコーナーにいます。ソフィとフキちゃんも彼と同じコーナーにいます。

フキちゃん： ソフィ、見て見て、ほら、このマンガの主人公の名前、私と同じよ。
ソフィ： あら、ほんとだ。この話、知ってるの？
(ミシェルは彼女たちの話を聞いています。)

フキちゃん：　ううん，読んだ事ない．
（ミシェルは彼女たちに近づきます．）
ミシェル：　ちょっとお邪魔をしてすみません．僕，ミシェルといいます．
　　　　　　美大の学生なんですが，よろしかったらお茶でも飲みながらその話をさ
　　　　　　せていただければと思うんですが．
ソフィ：　　ご親切に．でも私たちちょっと急いでますので．
フキちゃん：　あら，全然そんな事ないわよ．それに私，すごく喉が渇いてるし．
ソフィ：　　あらそう，わかったわ．
ミシェル：　じゃあ，行きましょうか．

3-2 Le journal de Fuki（蕗の日記）

今日の午後，ソフィと一緒にフナックにいたらすごく感じのいいフランス人の男の子に出会った．ジュリアンよりずっと面白い子だった．時間もあったし，一緒にお茶を飲んだ．彼はどうもすごいマンガ好きみたい．『フキちゃんの大冒険』の話をしてくれて，第1巻を貸してくれるって約束してくれたわ．主人公の名前が私と一緒だし，そのマンガ読みたいわ．パリに着いてから私もいろんな出来事を体験してるけど，フランスに来てから明日でもう3ヶ月になるのよね．なんて時間が経つのが早いんでしょ．

3-3 Michel téléphone à Julien（ミシェルはジュリアンに電話をする）

ミシェル：　もしもし，こんばんは，ジュリアン．最近どう？
ジュリアン：　まあまあかなあ～．
ミシェル：　なんかあった？
ジュリアン：　別に．ちょっと頭痛がするだけ．ところで，そっちはなんか嬉しそうだ
　　　　　　けど．
ミシェル：　ちょっと話したい事があるんだ．女の子と知り合ったんだけど，誰かわ
　　　　　　かる？
ジュリアン：　さあ．
ミシェル：　お前の知ってる子．フキちゃんだよ．
ジュリアン：　嘘だろ～．で，どこで出会った？
ミシェル：　フナックのマンガコーナーで．
ジュリアン：　どうしてフキちゃんってわかった？
ミシェル：　簡単さ．あの子，マンガコーナーにいたから，俺が話しかけた．

ジュリアン： あの子，ひとりだった？
ミシェル： いや，友達のソフィと一緒にいたよ．あの2人，すごく仲がいいみたいだし，今度4人でどこか行こうか？
ジュリアン： どうかなあ．あのさ，俺ほんとに頭痛いし，もう切るよ．じゃあな．
ミシェル： じゃあな．

4-1 Julien et Fuki se disputent （ジュリアンとフキちゃんはけんかをする）

ジュリアンはフキちゃんをフランス語講座の出口で待っています．

ジュリアン： こんにちは，フキちゃん．久しぶりだね．調子どう？
フキちゃん： とってもいいわよ，ありがとう．絶好調よ．
ジュリアン： ああそう．あの，お茶飲みに行かない？ 話したい事があるんだ．
フキちゃん： いいわよ．

（カフェで，2人は座っています．）
フキちゃん： なんだかあんまり楽しくなさそうね．
ジュリアン： いや，そんな事ないよ．でも，君に言わなきゃいけない事があるんだ．
フキちゃん： 何の事？
ジュリアン： あのね，僕ら，今，共通の友人がいるでしょ．
フキちゃん： 誰の事言ってるの？
ジュリアン： ミシェルだよ．フナックで会ったでしょ．
フキちゃん： ああ，そうよ．だから？
ジュリアン： もう彼に会ったらだめだよ．
フキちゃん： 一体何を言ってるの？ 冗談なの？
ジュリアン： いや，本気だよ．君らに仲良くなってほしくないんだ．
フキちゃん： あなたってほんとに面白くない人ね．私もう帰るわ．さよなら．

4-2 Le journal de Julien （ジュリアンの日記）

こないだフキちゃんをフランス語講座の出口まで迎えに行ったけど，けんかしちゃった．何度も留守電にメッセージ入れてるのに，彼女はちっとも返事をくれない．明日は彼女が出かける前に彼女の家に寄ってみよう．仲直りできたら嬉しいんだけど．彼女がミシェルをどう思ってるか言ってほしいなあ．奴の事，好きじゃないと思うけど，はっきり知りたいなあ…

4-3 Fuki demande conseil à Sophie（フキちゃんはソフィに相談する）

ソフィはフキちゃんを自宅に夕食の招待をします．

フキちゃん： こんばんは，ソフィ．
ソフィ： こんばんは，フキちゃん．さあ，どうぞ入って．
フキちゃん： はい，これ，あなたに．
ソフィ： ありがとう．まあ，チョコレートね．気を使ってくれて嬉しいわ．さあ，座って．
フキちゃん： すてきなマンションね．もう長い間ここに住んでるの？
ソフィ： もうすぐ3年になるわ．
フキちゃん： 私，ちょっとあなたに話したい事があるのよ．
ソフィ： わかったわ．でもその前に，食卓につきましょう．何があったの？
フキちゃん： 私，多分ジュリアンの事が好きになったみたいなんだけど，でも今は彼に会いたくないの．
ソフィ： あら，そうなの．でもどうして？
フキちゃん： 彼，ミシェルの事で焼きもち焼いてるみたいなの．彼にもう会うなって言うのよ．
ソフィ： っていう事は彼もあなたの事が好きなのね．
フキちゃん： そうかしら！
ソフィ： もちろんよ．じゃ，あなたたちの恋に乾杯．たくさん食べてね．
フキちゃん： あなたもね．

5-1 Fuki se réconcilie avec Julien（フキちゃんとジュリアンが仲直りをする）

ジュリアンがフキちゃんを学校の前で待っています．

ジュリアン： やあ，フキちゃん．
フキちゃん： あら，ジュリアン．こんにちは．あなたに会えるとは思ってなかったわ．ここで何してるの？
ジュリアン： あのね，こないだの事謝りたいと思って．ほら，これ，君にあげる．
フキちゃん： ありがとう．とってもきれいね，この薔薇．おうちに飾るわね．
ジュリアン： ちょっとそこまで一緒に歩いてもいい？
フキちゃん： ねえ，私，あなたの事すごく考えてたのよ．もうけんかしたくないなって思って．

ジュリアン： 仲直りを祝って今晩レストランに行くっていうのはどうかな？
フキちゃん： それはいい考えだけど，もしよかったらうちでご飯食べてもいいのよ．
ジュリアン： あ～それは嬉しいなあ．夕食の準備で何かいるものある？
フキちゃん： ううん，大丈夫よ．でも帰りがけに何か飲むものを買いに寄らなきゃ．

5-2 Fuki écrit à son professeur de français
（フキちゃんはフランス語の先生におたよりをする）

先生へ
お元気ですか？
長い間お手紙を出さなくて申し訳ありませんでした．前回のおたよりでジュリアンというフランス人の男の子と知り合った事をお伝えしましたね．2度目になりますが数日前，自宅で夕食を一緒にとりました．1度目の時は日本風ポトフ（肉じゃが）を作ったんですが，今回はフランス人の友達のソフィが教えてくれたレシピでお料理しました．私はジュリアンととても仲良くしていて，彼のおかげでいろいろな発見ができましたし，私のパリの生活はだんだん実りの多いものになってきました．
ではまた近々．心をこめて
フキ

5-3 La réconciliation de Michel et Julien
（ミシェルとジュリアンが仲直りする）

ミシェルとジュリアンがスポーツクラブで出会う．

ミシェル： ジュリアン！ジュリアン！今日来るって言ってくれたらよかったのに．
ジュリアン： お前がどこにいるかわかんなかったから連絡しなかったんだ．
ミシェル： でも，そんな難しい事じゃないだろう．学校以外だったらここかフナックだし．
ジュリアン： 今日はひとりでいたい気分なんだ…
ミシェル： そうか，なんかうまく行ってない事があるの？
ジュリアン： もういいだろ．やめよう．
ミシェル： フキちゃんのせいかい？ソフィがちらっと話してくれたけど．
ジュリアン： ソフィがお前に話したって？
ミシェル： ああ，僕らこないだからつきあってるし．
ジュリアン： そりゃいい知らせだ．もうちょっと早くひと言打ち明けてくれてたらよ

かったのに.

6-1 Fuki et Julien passent un week-end en Normandie
(フキちゃんとジュリアンは週末をノルマンディで過ごす)

フキちゃん： おはよう，ジュリアン．良く眠れた？
ジュリアン： うん，ぐっすり．君は？
フキちゃん： 私もよ．とってもよく寝たわ．
ジュリアン： 今日は何がしたい？
フキちゃん： あなたのご両親がご結婚なさった教会を見に行きたいわ．
ジュリアン： じゃあ行こう．そのあとオンフルールの港のあたりでお昼にしよう．

(オンフルールの港で)
フキちゃん： あれって何の舟？
ジュリアン： あれはムール貝を採る舟だよ．
フキちゃん： 私，ムール貝って食べた事ないけど，おいしいの？
ジュリアン： ああ，僕は大好きだよ．君がよければ夕食にはムール貝を食べよう．
フキちゃん： あ〜ん，晩ご飯，待ち遠しいなあ．

6-2 Julien envoie un e-mail à sa sœur
(ジュリアンはお姉さんにメールを送る)

メールありがとう．
まだ，風邪ひいてるの？
僕はオンフルールから戻ったばかりだよ．週末は日本人の彼女と一緒だったんだ．彼女は5ヶ月前からフランス語を勉強しにパリに来てるんだ．僕が「ベルティヨン」でバイトしてる時，アイスクリームを買いにきたんだ．信じられないかもしれないけど，彼女の方が僕に声をかけてきたんだよ．最初はちょっととまどったけどね．彼女が言うに，彼女は僕に一目惚れだったんだってさ．彼女はもうじき日本に帰っちゃうから，彼女が帰る前にできるだけ早く姉さんに紹介したいなあ．いつがあいてるか教えてね．じゃまた．キスを送ります．ジュリアン

6-3 Départ de Fuki（フキちゃんの帰国）

ジュリアンは車でフキちゃんを空港まで送っていきます．

フキちゃん： もうエッフェル塔からすっかり遠ざかっちゃったわね．
ジュリアン： 一緒にてっぺんまで登れなかったのは残念だなあ．
フキちゃん： そうね．あなたと一緒にエッフェル塔の上からパリを見たかったなあ．
ジュリアン： 今度来た時には絶対行こう．約束するよ．
フキちゃん： でもあなたが京都に来る方が先よね．でしょ？
ジュリアン： ああ，もちろん．今度の夏に君に会いに行くよ．
フキちゃん： あなたが来たら一緒にお寺巡りしましょうね．
ジュリアン： うん．楽しみだなあ．仏像も見られるんだろう？
フキちゃん： 急ぎましょう．私の乗る飛行機出ちゃうわ．
ジュリアン： 心配するなって．もうほとんど空港に着くとこだから．
フキちゃん： あ〜着いた！ メール書くの，忘れないでね．
ジュリアン： 君もだよ．忘れないで．いい旅を．